共享信用

共享信用产业攻略

李炳春 等◎编著

经济日报出版社

图书在版编目（CIP）数据

共享信用 / 李炳春等编著 . -- 北京：经济日报出
版社 , 2017.12
    ISBN 978-7-5196-0279-6

    Ⅰ . ①共… Ⅱ . ①李… Ⅲ . ①信用－研究 Ⅳ .
① F830.5

中国版本图书馆 CIP 数据核字 (2017) 第 327260 号

共享信用

编　　者	李炳春　等
责任编辑	匡卫平　郭明骏
责任校对	周　骁
出版发行	经济日报出版社
地　　址	北京市西城区白纸坊东街 2 号（邮政编码：100054）
电　　话	010-63584556（编辑部）010-63588446（发行部）
网　　址	www.edpbook.com.cn
E － mail	edpbook@126.com
经　　销	全国新华书店
印　　刷	北京紫瑞利印刷有限公司
开　　本	880mm×1230mm　1/32
印　　张	5.75
字　　数	110 千字
版　　次	2018 年 1 月第一版
印　　次	2018 年 1 月第一次印刷
书　　号	ISBN 978-7-5196-0279-6
定　　价	58.00 元

中国信用　我的责任

共享信用　共享未来　万达财富

序 言

一、什么是共享信用

共享信用，是一种创新性的信用资源实用理念，是指通过一种全社会范围内的共享机制，实现不同主体间信用信息的共通共享，解决信用信息的不对称问题，从而极大地降低交易成本，提高社会资源的使用价值和生产效率，最终实现全社会经济资源的最优化配置。

从更广泛的意义上来说，共享信用是现代信用经济时代共享经济发展的先导。共享经济的实质是通过整合线下闲置的社会资源，以共享经济平台作为连接供需双方的纽带，实现公平共享社会资源，并以不同的方式付出和受益方式，共同获得经济红利。共享经济平台作为社会资源供需双方的纽带，需要建立一种彼此依赖的互信机制，共享信用完美地契合了共享经济发展的这种迫切需求。此外，共享信用是实现社会管理转型和经济体制改革的社会信用管理领域的关键性制度设计，是在我国经济改革、社会改革发展过程中通过信用管理实现社会资源公平配置和地方经济健康发展的一种未来发展方式，有利于全面提升社会经济转型发展的执行能力。

具体来讲，共享信用就是建立一种全社会范围内的共享信用机制，实现各社会主体（包括个人、企业和政府）在经济社会活动中形成的反映其身份、经济状况、履约能力和商业信誉等信用能力的信用资源（信用数据和资料等）的共用共享。共享信用系统采集来自政府、企事业单位、金融机构和个人的信用数据，通过合理的方式加工生产成为信用信息，面向全社会开放，使得相关需求者可以以更便捷的方式，充分获取所需的信用信息，从而弥补不同社会主体间信用信息的掌握和使用程度的差距。

二、为什么需要共享信用

现代市场经济是信用经济，在信用交易过程中仍然存在着信息不对称的问题。所谓信息不对称，简单来说就是由于外在环境的复杂性、不确定性，行为参与者对特定信息的拥有是不相等的。由于受主客观条件的限制，信息的这种不对称在任何一个系统中都将长期地、普遍地存在。信息不对称，有可能导致利益的不平衡。拥有较多信息的一方，就拥有对其他人的权力优势和地位优势，使信息劣势的一方处于不利选择的境地，这种情况体现在市场经济场景中，就可能表现为劣币驱逐良币，系统效率低下，资源浪费严重，甚至导致交易的失败。

解决信息不对称问题的根本方法是建立共享信用机制。共享信用能够降低信用市场上的逆向选择问题，共享信用所产生的对信用申请者的约束、规范作用也能够降低信用市场上的道德风险行为。

我们认为，共享信用模式是通过信用管理实现社会治理转型与经济体制改革并轨运行的市场经济新常态下的制度设计。通过城市或行业的信用管理创新，树立政务诚信、司法公信以及社会诚信，创造良好的营商环境，在信用监理下进行选商引资，选择优良商户，引入优质资本，推动投资融资发展，扶持中小微企业和实体经济，实现社会和谐、百姓富裕的两个百年梦想。

因此，共享信用具有三大重要功能：一是社会治理转型；二是经济体制改革；三是信用管理创新。社会治理转型提升政府执政能力，经济体制改革提升地方经济发展能力，信用管理创新提升社会经济转型发展的执行能力。

共享信用模式是中国特色社会主义发展阶段中社会治理转型和经济体制改革的必然形态，是我国经济改革、社会改革和政治改革发展过程中，通过信用管理实现社会资源公平配置和地方经济健康发展的一种未来发展方式。

三、共享信用与社会信用体系建设

2014 年 6 月，国务院印发《社会信用体系建设规划纲要（2014—2020 年）》，部署加快建设社会信用体系、构筑诚实守信的经济社会环境。《纲要》要求，到 2020 年，实现信用基础性法律法规和标准体系基本建立，以信用信息资源共享为基础的覆盖全社会的征信系统基本建成，信用监管体制基本健全，信用服务市场体系比较完善，守信激励和失信惩戒机制全面发挥作用。政务诚信、商务诚信、社会诚信和司法公信建设取得明显进展，市场和社会满意度大幅提高。全社会诚信意识普遍增强，经济社会发展信用环境明显改善，经济社会秩序显著好转。

至于共享信用的实施，万达财富集团打造以信用为核心的共享信用产业链，即"万达财富信用大数据（免费评级、评价）+ 易企享（专业质量保障平台）+ 点积商城（电子商务平台）+ 全民东家（信用服务置换平台）+ 交易中心（金融服务平台）+ 文化宣传（"一带一路"信用论坛和万达财富商学院）+ 星河世界财产保险（提供信用产品保险），以信用大数据为基础，信用等级达到一定标准的中小微企业可以进入信用板块，通过信用级别评定、信用咨询等服务实现以信用资本配置优质资源，以此服务于信用体系建设，是一个很好的范例。同时，万达财富集团将优先鼓励信用良好的中小微企业参与到电商板块的线上"易企享""点积商城"和"全民东家"平台，为其提供线上销售平台以及信用贷款、信用保险等综合金融服务。

总而言之，这种共享信用产业链模式，可以较为有效地解决不同主体间信用信息不对称的问题，极大地降低交易成本，提高社会资源的使用价值和生产效率，进而优化全社会资源配置效率，很好地契合了共享信用的宗旨和目的，为我国中小微企业提供更好的服务。

最后，在《纲要》的指引下，我们在这里向社会各界发起共享信用倡议，共同致力于中国社会信用体系建设事业，共享社会信用体系建设红利。

序　言

我们从小就受老一代共产党人的培养教育：做人要诚实、守信，做事要以为人民服务为宗旨。我对经济没研究，但我知道，尽管人们都说"无奸不商"，但在老前辈的商人中仍有固守诚信，不赚昧良心的钱的传统。

到现在改革开放时期，走社会主义市场经济道路，已经历了近四十年的探索。但直到党的十八大后，党中央提出"不忘初心，继续前进"口号，在刚结束的十九大上，更以"不忘初心，牢记使命"作为大会主题，成为执政党的共产党要牢牢把握的方向。我想，在经济领域同样要坚持这个方向，才能把社会主义市场经济走对方向，更好地发展。

我以为，守信用是从事经济工作的所有人们最起码最基本的道德规范。李炳春先生在多年从事经济工作的同时，不断思考探讨，提出了"共享信用"的概念及一套措施，以适应新时期的新情况。这也算创新吧。而且恰逢其时，在习总书记提出要抓紧全社会的征信系统，又要完善诚信褒奖机制和违法失信惩戒机制的时候，提出了"共享信用"这种较为可行的方式。希望更多的企业家学习这种探索精神，并希望更多企业家参与到他的"共享信用"的践行中，在实践中不断补充完善它，一起为中国社会主义市场经济的繁荣昌盛做出贡献。

胡木英

2017年11月

胡木英：国家工商总局退休干部，延安精神研究会理事，北京延安儿女联谊会会长。中国著名的政治家、理论家、毛泽东主席秘书胡乔木之女。

领航共享信用产业发展　全面开启智能信用时代

　　党的十九大报告是中国特色社会主义迈进新时代、开启新征程、谱写新篇章的政治宣言和行动纲领。习近平总书记在报告中指出："我们走中国特色社会主义道路，具有无比广阔的时代舞台，具有无比深厚的历史底蕴，具有无比强大的前进定力。"万达财富集团践行习近平新时代中国特色社会主义思想、坚定文化自信，助力实现中华民族伟大复兴中国梦。

万达财富集团企业文化

　　万达财富集团：信用是服务的、信用是管理的、信用是共享。

　　集团宗旨：以长征精神为指导思想，乐于吃苦、勇于战斗、重于求实、善于团结。

　　集团目标：以共享信用为核心，专注中小微企业的信用价值服务，实现信用行天下。

集团文化：虚心做学生，自信做老师，坦诚做伙伴，信用做基石。

集团理念：普及信用，激活信用，服务信用，提升信用、共享信用。

集团会员服务理念：实现信用价值化，建立利益共同体，丰富会员美好愿望。

万达财富集团共享信用两个五年规划

第一个五年（2015-2020）完成共享信用产业链，开启共享信用经济时代。

万达财富信用大数据（免费评级、评价）+易企享（专业质量保障平台）+点积商城（电子商务平台）+全民东家（信用服务置换平台）+交易中心（金融服务平台）+文化宣传（"一带一路"信用论坛和万达财富商学院）+星河世界财产保险（提供信用产品保险）。

2018年工作任务：成立万达财富商学院、星河世界财产保险公司、金融资产交易中心，完成共享信用产业链招商。

第二个五年（2020-2025）开启智能信用时代：

1. 在智能汽车、智能机器人、智能飞机等智能产品输入智能化信用规范系统，防止智能产品危害公共安全。

2. 在学校、医院、养老院等启用智能信用摄像头和智能信用监测系统等，开启全方位措施保障的服务模式。

3. 建议国家有关部门成立"信用管理部"或"信用管理局"，全面系统地监管中小微企业及消费者信用理念的树立、教育、推广与实施。

4. 实现中小微企业间信用数据动态分析，共享信用实时数据，形成信用指数化，提高信用约束力，最终达到信用价值化。

5. 完成万达财富信用银行的成立。

万达财富集团帮助中小微企业真正实现信用价值资本化，更好的助力中小微企业快速发展，开创智能信息化时代，领航中国信用产业发展、提升中国在世界信用产业领域的话语权。

万达财富集团信评业务特点

信用评级作为风险评估机制和信息披露的手段，功能在于保护投资者利益和提高资本市场效率。从业务领域看，国内外传统评级业务均在于资本市场信用评级，而对于中小微企业的信用体系建设关注度并不高。万达财富集团坚持信用评价原则，立足服务企业为本，创新信用评级模式，对加强共享信用建设和促进经济社会健康有序竞争起到了重大推动作用。

近期，随着穆迪、标准普尔等评级公司对中国主权信用评级展望先后做出了下调，中国所作出的反应就是：2017年10月26日，中国财政部在香港完成20亿美元无评级主权债券的发行，中国希望通过发行无评级主权债券，以此考察投资者对中国主权信用的评价。此次发行的国债市场反响强烈，超额认购并最终达到220亿美元；投资者范围非常广泛，包括花旗、汇丰、渣打、德意志银行等机构纷纷参与其中，这些都充分表明了国际市场对于中国经济增长潜力和发展韧性的认可，同时也是对国际评级机构下调中国主权评级的有力回击。

中国自2001年加入WTO以来，经济获得了巨大成功——目前中国已成为全球第二大经济体，世界第一大吸引外资国，世界第二大对外投资国。目前，中国已连续三年稳居世界第一货物贸易大国，成为全球120多个国家和地区的最大贸易伙伴。"一带一路"倡议的提出与实施、亚投行的成立，都足以说明中国正在走向世界舞台的中央。中国的经济模式正在成为发展中国家经济建设的教科书，以中国为核心的世界经济格局正在形成，共享信用、智能信用体系也伴随着这种经济新格局应运而生。万达财富集团作为共享信用产业链的领导者，勇挑重担，走在中小微企业信用体系建设的前端。

万达财富集团与传统评级业务相比具体有如下特点：

万达财富集团坚持行业原则，立足服务，创新信用建设模式，以"履约能力＋履约意愿＋社会贡献价值＋共享信用产业链的增值服务"为发展核心。

1.万达财富集团以全国中小微企业信用体系建设为工作重心，填补了社会信用体系建设的空白；建立以企业履约能力、履约意愿和对社会贡献度为标准的综合评价机制。万达财富对服务对象进行评级不仅关注他们的履约能力、履约意愿，还从社会责任角度分析其社会的贡献价值度，从环保评价、社会公益等多方面进行综合考察。与传统评级业务相比，万达财富集团在把握企业履约过程中各风险点的基础上，强化了受评主体的履约意愿评估和企业社会贡献度的价值分析，创立了新型信用评估技术手段和评估标准。

2.以服务企业为根本。万达财富集团以信用、信息大数据为依托，针对中小微企业自主研发了一套评价、评估、评级体系，为进入大数据库的全国中小微企业提供信用等级评定、信用咨询、风险防控等服务。同时依托信用大数据将集团信用板块、金融板块、电商板块、文化宣传和实体板块五大板块业务有机结合，专注为中小微企业提供具有造血功能的开放性共享信用产业生态圈，实现生态产业链的共享、共存、共创、共赢。

3.共享信用数字支付商务模式。万达财富集团创建的

"全民东家"电子商务平台是以信用支付管理系统为核心，营造安全便捷的支付平台。全民东家通过信用服务商大数据集群，结合线上、线下资源服务中国广大中小微企业和消费者，共同打造信用社区集群、信用城市建设。

4. 万达财富集团时刻关注国家政策，推动信用经济的发展。以宣传信用文化为契机，大力开拓文化宣传业务。投资完成《血战湘江》、《决不掉队》、《西柏坡》等多个电视节目及影视剧。集团一方面始终关注宣传主旋律题材作品；另一方面希望通过投融资方式帮助更多中小微企业实现文化拓展、品牌提升等价值服务。

万达财富集团特别针对中小微企业为主体，倡导服务于人民为核心的价值观，弘扬企业家精神，时刻牢记"信用行天下"的口号，创造信用价值化，以"普及信用、激活信用、服务信用、提升信用、共享信用"为服务理念。

党的十九大报告中明确提出：我国社会主要矛盾已经转化为人民日益增长的美好生活需要和不平衡不充分的发展之间的矛盾。万达财富集团致力于信用经济的升级发展，为促进经济社会健康、有序的发展和竞争进行不懈努力，推动中国市场经济向信用经济的过渡，共享信用、智能信用体系的诞生，标志着万达财富集团作为共享信用产业链的领导者，弘扬企业家精神，勇挑重担，走在社会信用体系建设的前列。万达财富集团为实现中华民族伟大复兴的中国梦而努力奋斗！

专家致词

Stockwell Day（斯托克维尔·德）
Former Minister of International Trade 、Former Minister for the Asia-Pacific Gateway
（加拿大前国际贸易部长、前亚太事务部部长）

"一带一路"是要分享繁荣，改善人民的生活水平，造福世界各国的人民，推动更多国家向前。

——摘自 2017 中国阿拉伯国家博览会信用论坛暨第二届"一带一路"信用论坛演讲

艾仁智
中国证监会信用评级委员会委员、中央财经大学金融
创新研究中心常务副主任

"一带一路"沿线的相关债券市场呈现多样化,需要建立一个"一带一路"的多边信用评级机构。

——摘自 2017 中国阿拉伯国家博览会信用论坛暨第二届"一带一路"信用论坛演讲

Faheem Ahmad（法希姆·艾哈迈德）
President at Association of Credit Rating Agencies in Asia
（亚洲评级协会主席）

亚洲评级协会很乐意帮助研究出一套方法论，制定一套基准，帮助中国政府能够把绿色债券、绿色发展这方面的努力扩散到其他的国家。

——摘自 2017 中国阿拉伯国家博览会信用论坛暨第二届"一带一路"信用论坛演讲

Thomas Missong（托马斯·米松）
President at European Association of Credit Rating Agencies
（欧洲评级协会主席）

对于"一带一路"沿线国家的金融状况的研究最重要的就是建立起一个系统和方法论。

——摘自 2017 中国阿拉伯国家博览会信用论坛暨第二届"一带一路"信用论坛演讲

Norbert Gaillard（诺伯特·加拉德）
French economist and independent consultant
（法国经济学家、独立顾问）

在信用评级方面，要把抽象的概念落实到社会风险、环保风险、气候风险。从这些具体的维度来考虑 60 多个国家的国家风险。

——摘自 2017 中国阿拉伯国家博览会信用论坛暨第二届"一带一路"信用论坛演讲

章 政

北京大学教授

我们应该和亚评协、欧评协合作，建立一个"一带一路"国家多边的信用评级机构。我觉得这是对物信用的进一步深化，是市场经济制度的完善……还应该建立一个机构，这个机构应该以64个国家共同形成一个我们在"一带一路"国家的道德委员会。

——摘自2017中国阿拉伯国家博览会信用论坛暨第二届"一带一路"信用论坛演讲

王大树

北京市中国特色社会主义理论体系研究中心特约研究员、
北京大学经济学院教授

　　共享发展理念作为五大发展理念之一，其实质就是坚持
以人民为中心的发展思想，体现的是逐步实现共同富裕的要
求。践行以人民为中心的发展思想，做到发展为了人民、发
展依靠人民、发展成果由人民共享，就要把握共享发展理念
的深刻内涵，坚持推进共享发展。

　　从覆盖面而言，共享发展是全民共享；从内容而言，共
享发展是全面共享；从实现途径而言，共享发展是共建共
享；从推进进程而言，共享发展是渐进共享；共享与创新、
协调、绿色、开放相互贯通。

吴晶妹
中国人民大学教授

共享信用实际上是信用经济的一种表现形式。在我的研究中，我一直认为我们现在已经处于市场经济向信用经济过度的阶段。也就是说信用经济的初级阶段。信用经济的主要特征就是整个社会资源的配置是以信用资本为核心进行配置的。

——摘自 2017 中国阿拉伯国家博览会信用论坛暨第二届"一带一路"信用论坛演讲

陈家林

联合信用评级有限公司国家风险部副总经理

金融是经济的血液和生命资源，在资本市场里面，评级机构的重要性不可或缺，同时帮助企业信用迈向国际化。

——摘自 2017 中国阿拉伯国家博览会信用论坛暨第二届"一带一路"信用论坛演讲

徐德顺
商务部国际贸易经济合作研究院研究员

谈到共享信用，我就觉得应该从政府的层面来讲，提出来以信用为核心的一个新型的市场监管体制，利用信用信息数据为政府提供监管服务。

——摘自 2017 中国阿拉伯国家博览会信用论坛暨第二届"一带一路"信用论坛演讲

吴义春
吉林省政协常委、吉林省政协经科委副主任

能够让信用评级产生的价值进入社会流通，信评工作最终的价值应该是使企业的荣誉变为一种无形资产，进入流通中，得到社会各方面的公认，进而实现一种价值。现在看这项工作，在社会再融资过程中，需要扩大流通领域，这个工作是显得尤为重要。

——摘自 2017 中国阿拉伯国家博览会信用论坛暨第二届"一带一路"信用论坛演讲

黄锡钊
广东中塑之都供应链科技有限公司总裁

　　要发展，企业要前进，都要讲求企业的信用，没有信用的企业寸步难行。现在银行要讲求信誉，他们不了解下面中小企业的问题。我们成立了一个中塑机构平台，对于平台上面的中小企业比较了解。我们实实在在搞这个平台，就是为了把中小企业扶起来。我们把这个平台搞了质押、评估、信用。

　　——摘自 2017 中国阿拉伯国家博览会信用论坛暨第二届"一带一路"信用论坛演讲

蒋凯瑶

珠海（国家）高新技术服务中心科技金融专员

我们珠海高新区科技企业创新及信用评估平台是由珠海高新区创业服务中心和区信息技术中心共同开发的。目的是为珠海高新区科技型企业做政策性、专业性的金融服务，该平台是企业申请享受珠海高新区科技金融扶持政策的官方入口。通过建设创新信用评估平台，搭建珠海中小企业创新发展能力及信用状况综合评估指标体系，我们平台实现了与珠海投融资征信平台的双向数据对接。

——摘自 2017 中国阿拉伯国家博览会信用论坛暨第二届"一带一路"信用论坛演讲

目录

第一章

共享信用的概念及其内含

第一节　共享信用的背景

信用，是一个在起源和意义上内含都相当丰富的词语。从道德层面理解，信用作为行为规则被接受并具有一定的约束力；从经济学的角度考察，信用是能够履行诺言而取得的信任。

一、信用：在西方国家发展的历史沿革与现状

（一）西方国家的契约文明及信用思想

在西方国家，可以说契约文明构成了其信用文化。历史上，西方国家契约文明可以追溯至古罗马时期，伴随着社会生产力的发展和对外贸易的扩张。契约关系逐渐取代其他关系，在社会生产活动中占据越来越重要地位。到近代，欧洲"三次运动"①后，出现了经济、政治生活的契约化，形成了西方契约文明和契约型社会。

---

① 欧洲"三次运动"：指罗马法复兴、文艺复兴和宗教改革。

（二）经济信用在西方国家的发展历程

1. 早期贸易的发展稳固了信用在经济领域的地位

早在古罗马时期，在与异邦人的经济交往活动中，已提出了诚信契约等问题，诚信契约的债务人不仅要承担契约规定的义务，而且要承担诚实善意的补充义务。显然，信用在商品经济或贸易关系中，是一种借助于契约的行为规范并具有约束力。

2. 近、现代欧洲从法律上对信用进行了严格的规定

资产阶级作为执政者坚守人人平等、私有财产不可侵犯和契约自由三大原则以维护其经济利益，他们对经济活动中的诚实信用原则的规定比较严格并在法律中得以体现。信用要求实际上已扩展到整个民事经济的法律关系中，这对现代西方信用在经济范畴中的确立和运用具有重大意义。经济中的信用原则以法律形式牢固地确立了，从而保护经济行为主体的利益及正常的经济秩序。

（三）当前西方发达国家的信用发展现状

经过了法制化建设和完善，西方发达国家形成了健全的信用管理体系和信用制度，信用经济和信用文化日渐发达。同时，还出现了信用的商品化，使信用成为了一种资产和社会资源，也成为个人和企业在市场经济活动中的通行证。

在欧美国家中，信用交易方式可上溯到 150 多年前。目前，欧美国家所有商业贸易的 90% 采用信用方式进行，只有不到 10% 的贸易采用现汇结算，信用结算已成为商品交易的主流方式。这些信用交易方式的存在和普遍化都有赖于发达的银行信用机制所提供的信用服务支持体系。

在欧美国家里，对于正常取得企业资信调查的征信数据完全没有限制。根据 1985 年生效的"公司法"[①]（The companies ACT）规定，英国上市公司的财务报表必须在本财政年度结束后的 7 个月内公开，而非上市公司的财务报表则在本财政年度结束后的 10 个月内公开，以此让大家对该企业的信用和偿债能力等状况进行确认。

二、信用：在我国发展的历史沿革与现状

（一）我国早期民间以借贷为主要方式的信用活动

借贷活动本质上属于一种银行信用。在唐代以前，私人借贷多是信用放款，因为放款人往往是统治阶级。据载，南北朝时期出现典当业，唐代后期典当业进一步发展，出现了私人典当机构，从事发放抵押贷款活动。明朝中叶开始，资本主义生产关系在中国萌芽，工商业有了较大的发展，出现了经营货币的钱庄、票号等信用机构。明末，钱庄已成为一种独立经营的金融组织，不仅经营兑换，还办放款，供给签

---

① "公司法"不仅对英国公司法律制度的发展影响深远，而且势必对英联邦成员国的公司法改革起到不可估量的引导作用。

发帖子取款的便利，原来在两地联号汇兑的会票，也成为钱庄发行有钞票性质的信用流通工具。随着钱庄的发展，到清朝各地先后出现了钱庄的行会组织。近人徐珂《清稗类钞》称："相传明季李自成携巨资败走山西，及死，山西人得其资以设票号。"票号是清代重要的信用机构，为山西人首创。山西票号与钱庄的关系是一种商业交往，钱庄是以兑换银钱为主。起初，钱庄的资本薄弱，须向票号借贷。而票号愿意支持钱庄，藉以容纳各地的公款；钱庄则依赖票号作为后盾，可以取得民间信用，便于开展业务。

（二）改革开放后信用发展情况

1978 年后，信用问题逐渐引起人们的重视，商业信用、银行信用、政府信用、消费信用等信用制度被赋予了完全不同于计划经济体制的内容，得到了前所未有的发展。

但是，在 1978 年前，全国没有一家可以提供企业信用资料的机构。其实早在 20 世纪 30 年代，我国就有了第一家征信机构——"中华征信所"。20 世纪 80 年代后期，为适应企业债券发行和管理，中国人民银行批准成立了第一家信用评级公司——上海远东资信评级有限公司。同时，为满足涉外商贸往来中的企业征信信息需求，对外经济贸易部计算中心和国际企业征信机构邓白氏公司合作，相互提供中国和外国企业的信用报告。1993 年，专门从事企业征信的新华信国际信息咨询有限公司开始正式对外提供服务。此后，一批专业信用调查中介机构相继出现，征信业的雏形初步显现。2013年3月，《征信业管理条例》正式实施，明确中国人民银行为征信业监督管理部门，征信业步入了有法可依的轨道。

20世纪90年代开始，陆续进入市场信用整顿阶段。政府部门为了提高各类企业信用观念，组织了集中打假和清理"三角债"等工作，保证商家对消费者的信用行为。企业为获得融资支持和开拓市场，开始注意改变过去无序竞争不讲信用的行为，逐渐提高信用意识，加强企业信用管理。银行也从控制信贷风险出发，对贷款企业开展资信评估工作，加强银行信用风险防范。专门提供信用信息服务的中介机构开始出现在中国的市场上，如1993年成立了新华商业信息咨询公司等。但是这一阶段，仍然还存在着一些突出的问题：一是资信调查机构渠道闭塞，金融机构信息不畅，使企业信用管理存在着很大的障碍；二是许多企业还未形成资信调查概念和系统的信用管理制度，信用风险意识淡薄；三是我国会计制度存在着严重的漏洞，财务报表缺乏真实性，审计工作无法正常进行。尽管我国开始了信用的整治工作，但从总体上看，我国信用制度和信用管理体系的建设远远滞后于市场经济的发展进程。因而，在社会经济生活中，违约、欺诈、赖帐等无视信用、破坏信用的行为仍然大量发生，成为我国社会主义市场经济发展的严重障碍。

三、信用评级业

（一）西方信用评级业

信用评级是市场经济条件下信用关系的产物。现代信用评级机构的前身是商业信用机构。19 世纪中期，美国开始盛行发行国债、州债和铁路债。债券的盛行激发了债券投资者对债券统计信息和统计分析的需求，债券市场的蓬勃发展也为信用评级业的萌芽提供了土壤。20 世纪初，美国进入工业化带来经济迅速增长的时期。货运的增长带动铁路的需求，因此需要募集大笔资金来建设铁路，铁路债券开始大范围发行，投资者由此急需可靠的金融信息以供参考。1909 年，穆迪公司（Moody's Investors service）出版一本各家铁路公司债券的刊物以供投资者参考，其中开创了利用简单的信用评级符号来分辨 250 家公司发行的 90 种债券，正是这些简单的信用评级符号的利用将信用评级机构与普通的统计机构区分开来，因此人们现在普遍认为信用评级始于穆迪的美国铁道债券信用评级。1913 年穆迪将信用评级扩展到公用事业和工业债券上，并创立了利用公共资料进行第三方独立信用评级或未经授权的信用评级方式。穆迪公司的创始人约翰·穆迪发表了债券信用评级的观点，使信用评级首次进入证券市场。

目前，全球评级市场总规模超过 44.5 亿美元。其中标普、穆迪和惠誉是三大评级巨头，分别占据了40.5%、40%和14%的市场份额。目前全球共有信用评级机构共152家（包括标普、穆迪和惠誉的分支机构和关联企业）。除三大国际评级机构及其分支机构外的民族品牌评级机构不到90家，所占的市场份额合计约4%。

（二）中国信用评级业

中国信用评级行业诞生于20世纪80年代末，是改革开放的产物。最初的评级机构由中国人民银行组建，隶属于各省市的分行系统。20世纪90年代以后，经过几次清理整顿，评级机构开始走向独立运营。中国信用评级业历经20多年的大浪淘沙，能够承担资本市场信用评级和主要业务活动的主要有如下几家全国性信用评级机构：

我国信用评级机构

序号	公司名称
1	大公国际资信评估有限公司
2	中诚信国际评级有限公司
3	联合资信评估有限公司
4	东方金城国际信用评估有限公司
5	上海新世纪投资服务公司
6	深圳鹏元资信评估有限公司
7	中债资信评估有限责任公司

根据我国债券发行的相关规定，发行债券前必须经过专业的信用评级机构对债券的信用风险进行综合评价，债券的信用级别是投资者把握债券风险的重要依据，信用级别的高低直接影响到债券的发行利率，在实际发行过程中发行主体的信用级别往往是债券发行的准入门槛。

　　2016 年中国评级市场的规模大约在 10.43 亿元人民币，7 家评级机构中，大公、中诚信、联合在市场占有率方面基本呈鼎立之势，这三家评级机构所占市场份额大约为 80%，其余几家评级机构的市场份额总共为 20%。

第二节　共享信用的概念、内含

一、共享信用的根源及信用信息的内含

（一）共享信用的根源

信息不对称理论，是信息经济学中的重要概念，其主要包括三个方面的内容：一是交易双方中的任何一方都没有获取完全的有关信息；二是有关交易的信息在交易双方之间的分布是不对称的，一方处于信息优势，一方处于信息劣势；三是交易双方对于各自在信息占有方面的相对地位都是比较清楚的[①]。在市场经济中，交易双方之间的信息不对称现象普遍存在。信息的不对称会导致在交易行为发生前产生逆向选择，而在交易行为发生后产生道德风险问题，严重降低市场运行效率，甚至会造成市场交易的停顿。在市场信息交易中，拥有私人信息的一方称为"代理人"，拥有较少信息的另一方称为"委托人"。

---

① 孟娜娜. 基于信用平台的个人信用信息共享机制研究 [D]. 湖南大学 ,2008. pp.11

交易行为前的信息不对称导致逆向选择。逆向选择是乔治·阿克洛夫（George Akerlof）于1970年在《经济学季刊》上发表的《"柠檬"模型：质量不确定性与市场机制》一文中首先提出来的。他的研究从旧车市场入手，分析了信息不对称对交易行为与交易选择的影响。在旧车市场上，存在着信息的不对称，卖方比买方掌握更多的信息，其对汽车性能状况了如指掌，相反潜在的买主不知道关于二手车的状况，难以辨别一辆二手车是运行良好的好车还是存在瑕疵的次品车，因此，买主所愿意付出的价格反映的是按市场上所有二手车的平均质量。如果二手车是次品车，车主就很乐意按买主愿意付出的价格卖掉二手车，因为这一价格介于次品车的低价和好车的高价之间，但是如果二手车是好车，若仍按低于其价值的中间价成交，车主自然不愿意卖。在这种情况下卖方则会采取以次充好的手段来满足低价位的买主，结果导致高质量的汽车由于价格过高而无人购买以至于逐渐被逐出市场，而使低质量的旧车充斥着市场，于是旧车市场上汽车的平均质量下降，市场也进一步萎缩。这便是所谓的"逆向选择效应"。

交易行为后的信息不对称导致道德风险。逆向选择效应是在交易行为发生前由于信息的不对称而引起的行为，而道德风险则是在交易行为发生后产生的。其主要是指掌握某种私人信息的代理人在追求自身效用最大化的同时，损害委托人或其他代理人的行为。例如在签订合同之后，委托人无法观察到代理人如何履行合同的全部信息，只能观察到局部的行动和行动结果。在这种情况下，代理人可能会利用委托人因过高的监督成本而放弃对他的严格监督从而采取某些损害委托人利益的行动，这就导致了道德风险的发生。道德风险在各种类型的交易行为中都不同程度的存在，交易双方的信息不对称程度越严重，出现道德风险的可能性越大。

（二）信用的根本问题

信用的根本问题是信息不对称。信用缺失实际上是一种机会主义行为，也就是欺诈性地追求自利。实际上，机会主义行为本身也会导致真实的或人为的信息不对称。解决两种信息不对称的基本办法是信用信息共享。信用信息共享能够降低信用市场上的逆向选择问题，信用信息共享所产生的对信用申请者的约束、规范作用也能够降低信用市场上的道德风险行为。违约信息被公开后，受信者会通过努力避免违约而建立良好声誉。信用历史延长，逆向选择和道德风险现象都将消失。

信用的提供者和接受者及其之间的交易关系构成了信用市场，信用提供者成为授信者，信用获得者成为受信者，授信者为受信者提供信用，作为回报从受信者处获得报酬。受信者的信用具有信息性，授信者往往不能完全知道这些信息，或者获得这些信息需要付出成本，因此就为其正确判断潜在受信者信用状况带来了困难，这就是信用市场上的信息不对称问题。

（三）信用信息的内涵

既然，信用问题的根源在于信用信息的不对称，故从这一视角来看，可以说信用问题就是信息问题。信用就其实质而言是一种社会主体之间在交易时相互给予对方的一种有条件的信任。这个条件就是偿还性。由于这个条件的存在，使得信用关系中交易双方都处于一种风险之中，马克思曾把资本主义信用交易关系中的交易双方在实现信用交易时的这种风险比喻为"惊险的跳跃"，这个跳跃如果不成功，摔坏的不是商品，但一定是商品所有者。因此，规避信用风险的唯一途径，就是对于交易对方有充分的了解。在任何社会、任何时候、任何条件下，信任都是建立在了解的基础上的。而了解是靠信息的传输来实现的。信息的产生、传输、接收等一系列的运作过程是信用制度得以顺利运行和实现的基础，从这个意义上来说，信息是信用机制运行的条件。对一个很大程度上信息化的社会而言，我们甚至完全可以说："商业交易的结果是信用信息的转让，而不是黄金或现金转让"。[①]

因此，信用一定依赖于信息，没有信息就无所谓信用。如果一个独立封闭的主体和外界不发生信息与物质交换的话，那它和外界也就没有任何信用关系。信用一定发生在两个或两个以上主体之间。产生信用的前提是对信息的了解，也就是说要知道对方的行为特征，这个人（或组织）的表现怎么

---

① 江华. 构建信用信息共享系统的研究 [D]. 广东省社会科学院,2014.

样，这个人的收入水平如何，还有他的教育水平如何等等。有了这些信息，我们才会信任别人，才能接受别人的信用。

信用信息是指企业和消费者个人在其社会活动中所产生的、与信用行为有关的记录，以及有关评价其信用价值的各项信息。一个信用主体的信用可分解为主观和客观两个方面。主观方面主要指主体的信用观念和守信的意愿，客观方面涉及主体的守信能力，主要包括主体的履约能力、经营能力、资本和资产等。目前评定信用主体主观信用因素的方法主要是依据信用主体以往的信用记录。

依据信用主体的不同，信用信息可分为企业信用信息与个人信用信息。企业信用信息主要包括企业的注册信息、财务报表、付款记录、企业发展史、经营状况等内容；个人信用信息主要包括个人收入、资产、职业、教育、信用记录、公共事业服务记录、偿贷信息等内容。授信机构通过收集、分析企业或消费者个人的上述信用信息资料，来判断客户的信用状况和风险程度，以制定相应的授信决策。

信用的问题已经成为制约经济发展的重要问题，信用体系面临的一个重要问题是信息不对称，缺乏信用信息。信用信息是很强大的推动力，精确性、完整性、及时性、一致性是优质信用信息的决定性要素。随着计算机技术和通讯技术的飞速发展，互联网和电子商务已经打破了国家与国家之间、地域与地域之间的界限，信用信息的一致性已变得越来越重要。

二、共享信用的概念、内含

经济社会中对信用信息的掌握有优势方，也有劣势方，信息的不对称使得信用信息得不到有效地利用，反而成为扰乱市场的因子，阻碍经济的发展。共享信用就是通过共享机制，把信用信息从优势方传向劣势方，抹平双方拥有信用信息的多寡。

共享信用，是一种创新性的信用资源实用理念，是指通过一种全社会范围内的信用信息共享机制，实现不同主体间信用信息的共通共享，解决信用信息的不对称问题，从而极大地降低交易成本，提高社会资源的使用价值和生产效率，最终实现全社会经济资源的最优化配置。

从更广泛的意义上来说，共享信用是现代信用经济时代共享经济发展的先导。共享经济的实质是通过整合线下闲置的社会资源，以共享经济平台作为连接供需双方的纽带，实现公平共享社会资源，各自以不同的方式付出和受益，共同获得经济红利。而共享经济平台作为社会资源供需双方的纽带，需要建立一种彼此依赖的互信机制，共享信用正是完美地契合了共享经济发展的这种迫切需求。此外，共享信用是实现社会管理转型和经济体制改革的社会信用管理领域的关键性制度设计，是在我国经济改革、社会改革发展过程中通过信用管理实现社会资源公平配置和地方经济健康发展的一种未来发展方式，有利于全面提升社会经济转型发展的执行能力。

具体来讲，共享信用就是建立一种全社会范围内的信用信息共享机制，实现各社会主体（包括个人、企业和政府）在经济社会活动中形成的反映其身份、经济状况、履约能力和商业信誉等信用能力的信用资源（信用数据和资料等）的共用共享。信用信息共享系统采集来自政府、企事业单位、金融机构和个人的信用数据，通过合理的方式加工生产成为信用信息，面向全社会开放，使得相关需求者可以以更便捷的方式，充分获取所需的信用信息，从而弥补不同社会主体间信用信息的掌握和使用程度的差距。

三、共享信用的必要性

信息不对称的程度越大，信用市场中产生逆向选择与道德风险的可能性就越大。信用评价方的信息成本和市场交易费用也就越高。所以，信息不对称导致授受双方的不均衡博弈，使得信用风险的产生成为必然。建立共享信用机制可以加速信用信息的流通，使交易各方最大限度地了解各自真实的信用状况，避免发生信用合约签订之前信用市场中的逆向选择和信用合约签订之后信息优势方的道德风险行为，减少交易成本。

　　信用信息的时滞性包括信用信息收集的滞后性和信用信息评级的滞后性。前者指信用行为从产生到转化为信用信息并且被其他市场参与者识别需要一个过程，而在此期间交易方的信用资本状况又会发生变化，市场参与者所掌握的信用信息结构可能与目标企业的信用信息结构不符。就后者而言，信用信息评级所依据的财务分析方法存在明显的时滞性，因为财务报告是对已发生的经济活动的记录，所以财务分析偏重于对受评对象过去而不是对未来偿债能力的评估[①]。

　　建立共享信用机制能够及时收集各交易方的信用信息，当信用状况改变时，可以在很短的时间内传递给信息需求方，避免信息滞后；另外，交易各方能够最大限度地及时掌握各自的非财务信息，并以此为基础进行综合评价。

　　我国市场经济体制不完善，还没有形成健全的信用信息供给机制，这导致信用产品数量较少且信用信息产品供不应求。另外，政府定价又导致信用产品价格的非市场化，缩小了信用信息供给者的利润空间，这也是我国信用信息供给机构发展速度缓慢的一个重要原因。众多信用信息需求者无法通过合适的渠道及时、准确地获得信用信息，这不利于市场参与者识别信用资本所有者的信用资本，更不利于信用资本实现增值，这就必然要求建立完善的共享信用机制。

---

① 曲婧.基于政府管理视角的社会信用体系建设研究 [D]. 山东财经大学，2016.

第三节　共享信用的意义

一、共享信用对个人的意义

市场经济是信用经济，在信用交易过程中存在着信息不对称的问题。所谓信息不对称，简单来说就是指由于外在环境的复杂性、不确定性，行为参与者对特定信息的拥有是不相等的，有些参与人比另一些参与人拥有更多的信息。由于受主客观条件的限制，信息的这种不对称在任何一个系统中将长期地、普遍地存在。既然存在信息不对称，那么就存在着利益的不平衡。拥有较多信息的一方，就拥有对其他人的权力优势和地位优势，将使处于信息劣势的一方处于不利选择的境地，这种情况体现在市场中，就表现为低质的产品或服务排斥优质的产品或服务，系统效率低下，资源浪费严重，甚至可能导致交易的失败。信用信息共享实际上解决的就是信息不对称问题，由此为信用交易的各方带来了多方面的好处，也对整个社会信用规模的扩张和信用行为的规范有直接的促进作用。

（一）信用信息共享大大降低了信用交易的成本和时间

征信发达国家如美国，由于征信公司能够收集和汇总全面的企业和个人的信用信息，特别是随着互联网等现代信息技术的大量应用，使得征信公司能够方便、及时地为银行、工商企业提供信用信息和相关的信用报告，从而大大减少了银行、工商企业的相关业务活动及其授信成本。例如，美国各商业银行和信用卡公司在对消费者发放贷款时，向征信公司购买信用报告的成本不足 1 美元，一般仅为 0.5 美元左右。而且由于采用了互联网等在线服务方式，获得信用报告的时间也大大缩短，基本达到了同步的程度。

（二）信用信息共享直接促进了信用资源的优化配置

这主要表现在两个方面：一是可以使信用资源不断向信用状况好的企业和个人集中；二是在信用信息充分共享的情况下，授信者能够更加全面地、准确地了解信用申请者的信用状况，减少或避免授信者因缺乏信息或仅凭主观判断而出现的决策失误，有利于授信者把握授信的风险程度，并根据不同申请人的信用状况确定信用额度和利率水平，从而做出合理的授信决策。

（三）全面共享信用信息对失信者具有惩戒效应，并能够消除或抑制多头、过量借贷的不良动机

当授信机构能够共享企业和个人的不良信用记录或违约行为等负面信息时，授信机构就会要求那些有负面信息的申请者支付较高的利率来获得贷款或规定更为严格的赊销付账条件，这既是授信机构防范风险的必然选择，也是对失信者的惩戒。

二、共享信用对经济主体的意义

企业与企业之间需要维持信用，企业生产经营离不开原材料设备等供应、产品销售等诸环节，要与多个生产企业和部门发生经济交易，企业之间如果都按约行事，维护信用关系，信用的经济效用得到充分的发挥，就会促进企业生产经营顺利的高效发展；企业与银行之间更要维护信用，企业发展离不开资金，企业发展要想保证充足的资金就离不开银行的支持，企业从银行中获得贷款信用，与共享信用是成正比关系的。企业如果不讲信用，那么企业必然会受到银行等金融机构和其他企业的联合制裁，由此，不仅影响了直接融资与间接融资的效率，而且会导致商业机会减少，企业投资后劲不足，最终制约企业的发展。

（一）共享信用是企业市场竞争的高效手段

市场经济条件下，企业之间的竞争非常激烈，甚至可以说是残酷无情，西方资本主义国家发展市场经济的历史早已证明了这一点。我国在建立社会主义市场经济体制的历程中，也充分反映了竞争是无处不在、无人可免，无论时间、条件如何，讲信用、有信誉的企业最终都会击败对手，取得竞争的优势，从而达到占领市场的目的。在市场经济中，企业之间的竞争，最终是信誉和品牌的竞争。而品牌是由信誉凝聚而成的。一个企业失去信誉，也就失去了客户，从而失去了所有未来发展的可能。在这个意义上说，信用是企业的生命力。以海尔集团公司为例，海尔产品之所以在社会上享有较好的信誉就在于海尔公司注重企业信用建设。可见，信用行为有助于企业扩展市场，企业良好的信用是企业赢得市场的重要保证。

（二）共享信用有助于企业缓解资金周转困难

信用是企业获得银行信贷的基本条件，只有信用好、效益好、偿贷能力强的企业，银行才会给予支持。讲信用的企业，依靠信用可以帮助增加购进生产原料扩大生产规模，即使一时出现资金周转困难的情形，也可以依靠信用向银行贷款以缓解资金紧张的状况，企业在维持经营和扩大它们的业务的时候，由于现金流量和现金支付在时间上存在的差异，通常也需要使用信用来获得短期融资。可见，共享信用可以发挥企业在扩大市场、获得存货和各种供给、得到短期融资等方面的作用。

（三）共享信用体系大大降低了企业的经营成本

在经济活动中，交易成本又称交易费用，指所有为促成交易发生而形成的成本，主要包括了生产成本、管理成本、时间成本和机会成本等。共享信用体系保障了交易双方的诚信合作，降低了账款追收、违约诉讼等管理成本，提高了交易双方的交易效率，减少了时间成本。共享信用体系中的企业交易主体，交易行为规范，交易规则遵守程度以及诚信意识增强，提高了信用交易的成功率，为社会进步和经济发展起到了重要的促进作用。

（四）共享信用是企业对外交往协作的重要基础

从原材料的供应到产品的销售，从合作伙伴到工商、税务、物价、政法等政府管理和行业协会等职能部门，无不与企业的生产经营息息相关，要创造一个企业发展的和谐的外部环境，就必须具有以诚相见、遵守市场规则等信用行为。企业如果信用缺乏，不仅会扰乱市场的经济秩序，反过来也制约了企业自身进入市场、扩大交易和协作。

（五）共享信用是企业内部凝聚力的源泉

信用是企业员工价值的重要体现。企业的信用好、知名度高，这个企业的员工就会充满自豪感、荣誉感，对企业的行为容易认同，个人价值也容易得到体现，与企业共命运的意识也就越强，从而形成企业的凝聚力，每个职工都以自己的企业为荣，自觉地维护企业的信用形象，使企业始终充满生机和活力。这一点仅仅靠有限的福利待遇是不行的，要靠职工对企业文化的认同和良好信用形象的树立。

总之，无论是从企业的产生、经营来看，还是从企业的发展来看，共享信用都是企业生存的一个必不可少的前提条件。当一个企业更多地考虑长远利益时，消费者就愿与其发生交易，长远利益本身是通过长时间信用的考验，来积聚社会对其信心；而当一个企业只考虑短期利益而没有长期目标追求，就容易产生短期行为，从而出现无信用或违背信用现象。这是当前国内消费者喜欢买国外名牌产品，而不喜欢国内产品的原因之一，因为跨国大企业都具有长期发展目标，这决定其行为长期性和信用要求，而国内很多企业都带有短期行为，使消费者对其信用产生怀疑；反之，也是具有信用的企业始终占有市场份额高和拥有众多消费者的原因之一。

三、共享信用对经济社会发展的意义

信用共享模式是中国特色社会主义发展阶段中社会治理转型和经济体制改革的必然形态。是我国经济改革、社会改革和政治改革发展过程中，通过信用管理实现社会资源公平配置和地方经济健康发展的一种未来发展方式。

从经济社会发展全局看，中国需要建立健全共享信用体系。首先，它是中国经济社会健康发展的客观要求。诚信是市场经济的基石，也是现代社会的必需。人无信不立，市无信不久，政无信不兴。在经济社会转型时期，社会的生产方式和生活方式变化剧烈，利益主体多元，群体诉求复杂，价值观念分化，道德底线下滑。只有合全社会之力重塑诚信，方能保长久之发展。其次，它是提升国家核心竞争力的重要途径。国家的核心竞争力，靠经济、科技、制度、管理、人才支撑。而诚信贯穿其中，是国家核心竞争力的底色和元素。共享信用体系建设是市场化、规范化和法制化、信息化等综合水平的体现，是国家软环境建设的必要环节和必要条件。我们要实现中国梦，在更大范围、更高层次、更广领域参与国际竞争和区域竞争，必须加快社会诚信制度体系建设。第三，它是发扬光大民族精神和时代精神的必要条件。诚实守信是中华民族精神的重要组成部分，也是当今时代精

神的应有之义。坚持社会主义先进文化前进方向，以社会主义核心价值体系引领社会思潮，需要大力弘扬民族精神和时代精神。而共享信用体系建设，是为了营造良好的政务环境、法制环境、市场环境、人文环境、生活环境，是诚信精神的制度化、现代化。总体上看，中国经济社会转型是共享信用体系建设的客观依据。

第二章

共享信用的模式

第一节 共享信用的模式

共享信用模式是通过信用管理实现社会治理转型与经济体制改革并轨运行的市场经济新常态下的制度设计，通过城市或行业的信用管理创新，树立政务诚信、司法公信，创造良好的营商环境，在信用监理下进行选商引资，选择优良商户，引入优质资本，推动投融资发展。

共享信用由三个要素构成：一是社会治理转型；二是经济体制改革；三是信用管理创新。社会治理转型提升政府执政能力，经济体制改革提升地方经济发展能力，信用管理创新提升社会经济转型发展的执行能力。

一、以美国为代表的私营征信模式

美国是市场经济体制高度发达的国家。美国的信用体系采用典型的市场化模式。几乎所有从事信用信息服务（包括信用评级）的征信机构都是私营公司。

美国的征信机构，主要分为三类：一是从事个人信用信息服务的征信机构。如美国人控股的全联公司（Trans Union）、EQUIFAX公司和英国人控股的益自利公司（Experian）。这3家大的征信机构都拥有覆盖全美国庞大的信用信息数据库和众多的信用管理人员。此外，还有200多家小型消费者信用服务机构，提供不同形式的消费者信用服务。二是企业资信服务机构。主要从事对各类企业进行信用调查、信用评估等资信服务的征信机构。如邓白氏公司是美国乃至世界上最大的全球性企业资信服务机构。三是为企业融资服务的评级机构。主要指为国家、银行、证券公司、基金、债券及上市大公司的信用进行评级的信用中介机构。如美国投资者控股的穆迪、标准－普尔和法国投资者控股的惠誉等3家公司。信用评级公司的主要功能是对企业进行信用评级，帮助投资者分析固定收益证券的相关信用风险。

政府基础数据有偿开放，公平地支持各征信机构进行数据库增值服务。政府的信息是征信机构建立和发展商用数据库的重要信息来源。对于不向整个社会公开的某些基础数据，提供给征信机构时政府要收取一定费用，征信机构则就此建立其他行业无法比拟的商业数据库，对数据进行筛选、加工处理，生产市场所需的信用产品实现信息增值。美国向信用服务公司提供的政府信息主要有：工商注册、税收、统计、法院、商务活动、（FDA）提供的药品与食品等方面的数据资料。

除了政府的数据外，公用事业、行业组织、企业和消费者个人信息在美国也是对征信机构开放的，只要不违背法律，都可以收集使用。信息的公开、透明和迅捷，是支撑信用服务业生存和发展的基础。

美国征信机构提供的服务是多样化的。无论是银行放贷机构、商业信用的授信企业，还是一般的市场信用交易者，都可以直接从征信机构那里购买信用报告，除了消费者个人信用报告的发售，其还受到一些法律条款的限制。

二、以欧洲为代表的公共征信模式

在许多欧洲国家，中央银行要求其所监管的金融机构向公共征信系统（PCR）提供有关贷款及借款人的数据，然后，这个公共数据库中的数据，自动地或应要求提供给每个参加机构。这种由中央银行组织的强制性的信用信息共享机制，常常与私营安排机制并存，在私营安排机制中放款机构自愿地通过被称为征信局或信用咨询机构的信息经纪人分享各自的借款人信息。向征信局提供其信息的放款机构，只要提供的数据是及时和准确的，就被准许进入公共数据库。在个人借贷市场和公司借贷市场均有这种类型的并存安排只是程度不同。

作为与私营机构的一个重要区别，向公共征信系统提供数据，被设定为是受中央银行监管的所有金融机构的强制性义务。而私营征信机构负责收集、存储、分发信息给放款机构并自愿提供的有关借款人信用情况的数据。

一般来说，信息首先从参加机构流向公共征信系统。每家金融机构必须根据规定定期向征信局提供自己的数据，一般每月一次，通常报告它们的商业贷款和贷款人的情况。在大多数情况下，都要求提供有关借款人的信息，包括有关迟延还款或拖欠的负面数据和在良好或正常条件下借用信贷的正面数据。公共征信机构将各家银行的数据集合起来，以便得到某个消费者总的负债情况。这种信息被用作监管过程的一部分，并且反馈给提供这些数据的金融机构。

因此，提供数据的金融机构会自动获得关于报送的那些个人消费者的总体负债情况，也能获得新的信贷申请人的信息，但只有在个人提出申请之后，该信息才是可获取的。

三、我国共享信用模式的选择

（一）共享信用机制建设的原则

我国的共享信用机制建设必须要考虑以下几个原则：

1.规划先行。没有规划，盲目上阵只能造成更大的浪费，而且规划要切合实际、具有可实现性。

2.共同推进。要调动各方面的积极性参与，尤其要调动地方政府和企业的积极性，中国信用信息市场规模巨大，不可能由一个公司包揽。

3. 分步实施。信用信息共享机制建设首先要满足当前需求，逐步深入推进。设备投入要循序采购、升级，不用一步到位，要考虑设备投资的保值，切不可类似当年电子商务拼命烧钱。

（二）共享信用的模式

1. 总体模式：两种主张

诚然，信用信息共享机制是信用体系的核心，我国究竟应该采用哪种模式建设信用信息共享机制？

目前的研究和观点仍较多。比较鲜明的观点主要分为两类：

一类主张：信用信息共享机制建设更适合采用欧洲的"公共模式"。

因为，政府的推动作用在现今的中国尤为重要，靠政府推动可能会产生事半功倍的效果。这种观点认为，这种模式一是已有现成的数据库基础，且覆盖面广；二是这种模式可避免金融系统的信息外流，可保证金融信息的安全性，安全性相对较强，特别是可以防止个人信用信息被滥用。

另一类主张：选择"民营模式"。

理由是：（1）认为中国的民间资本已经在中国征信服务领域辛勤耕耘了多年，有了一定的基础，渗透性较高。（2）

这种模式已被发达国家证明是有效的。(3)政府和国有资本没必要在这一领域投资和介入过多。(4)政府及金融管理部门也没必要以征信之名进行信用信息垄断。因为垄断会形成制度安排下的行业利益内部共享性和利益成本的社会承担的不对称。(5)还有观点认为,"银行信贷登记咨询系统"可以运用中央银行的行政权力强制性要求金融机构为其提供信息,而其他民营征信机构不可能具备这种条件,现在没有相关法律支持这种做法,这势必造成不公平竞争。另外,从信息内容、服务对象等方面看,银行信贷登记咨询系统的实质是银行业的同业征信,不大可能满足社会各方面对征信的需求。

我国作为发展中国家,在选择信用信息共享机制的模式时,除了学习发达国家的经验外,考察借鉴发展中国家的经验也很有意义。许多发展中国家建立了公共和私营征信系统,但总体而言以公共征信系统为主。现阶段拉丁美洲已有多个国家建立了公共征信系统,是发展中国家中征信制度最广泛普及的地区。有些拉美国家兼有私营征信公司和公共征信公司,例如阿根廷、巴西、智利等国。兼有的特点是:(1)收集信息的类型方面,拉丁美洲地区几乎所有国家的公共征信系统都收集借款人正面和负面的信息。(2)在对公共征信系统数据的限制方面,拉丁美洲有9个国家没有设最低贷款规模要求。(3)大部分国家的公共征信系统只向那些向其提供数据的金融机构发布信息。(4)发展中国家的公共征信系统很少向公共部门的用户收费,但在一些国家,私营部门要获取企业或个人的信息，须向公共征信系统付费。（5）拉丁美洲的大多数公共征信系统向私营征信公司收集企业的贷款评级数据，而欧盟的 7 家公共征信系统中只有两家收集这一信息。

在公共与私营征信系统的关系方面，一些国家逐渐尝试新的策略，如智利、秘鲁的公共征信系统提供数据给私营征信公司；比利时的公共征信系统具有私营征信部门的许多特点；芬兰的公共征信系统外包给私营征信机构经营。

自 20 世纪 90 年代以来，全球的征信业进入了快速发展时期，各国的公共征信系统与私营征信机构更多地呈现出互补而不是相互竞争的态势。这些都给我国的信用信息共享机制建设提供了一些有益的参考。

信用信息共享机制，通常包括企业信用信息共享机制和个人信用信息共享机制，两者既有联系，又有区别。联系首先表现在企业信用信息共享机制和个人信用信息共享机制都是社会信用体系建设的有机组成部分，都是从解决当事人信息不对称问题的角度为社会信用体系的建设服务。使用中，两个信息体系相互支持，相互补充。有时在评价企业信用时，也需要从个人信用信息的数据库中获取企业高管人员等的个人信息。在评价个人信用时，也可能需要了解其雇主企业的信息。

企业信用信息共享机制与个人信用信息共享机制的主要区别：

一是任务不同。企业信用信息共享机制主要收集企业的与信用相关的资质信息、行为信息等；而个人信用信息共享机制主要是收集个人的身份信息、行为信息。

二是用途不同。企业信用信息共享机制主要用于判断企业的信用状况，个人信用信息共享机制主要用于判断个人的信用状况。

三是信息内容的复杂程度不同。企业信息一般都与经营行为紧密相关，与企业的经营宗旨、理念等密切相关，比较复杂。个人信用信息相对比较简单。

四是信息的敏感程度不同。有关个人的数据可能会涉及政治、宗教信仰等敏感问题；个人数据受关注的程度一般也比较高，个人信用信息共享机制更注重保护个人隐私。企业信用信息共享机制虽然也有依法保护企业商业秘密的需要，但敏感性相对较低。

在制度安排和模式设计时应该考虑两种信用信息共享机制的异同，分别根据企业信用信息共享机制和个人信用信息共享机制的特点，考虑区别对待。

2. 模式选择的"上下分离"理论

以往对我国信用信息共享机制的建设模式的研究，往往局限于以所有制性质来区分、比较、选择，得出的结论，要么是选择公共模式，要么是选择民营模式。

各国的现实情况表明，一国的信用信息共享机制像是一个庞大的网络。这一点与铁路运输体系和市政运输体系比较相似。铁路运输体系包括固定资产投资密集、沉淀成本巨大的底部轨道线路、信号、站台等基础设施系统，和面向客户的客货运输服务系统。20世纪，英法等国的铁路体制改革，采用了所谓"上下分离"的方式，将底部基础设施系统和上部直接面向客户的运输服务系统区别开来采用不同的投资经营模式，底部系统主要采用公共模式，从而保障了供给；上部客货运输服务采用完全市场化的民营模式，从而促进了竞争。"上下分离"总体上提高了铁路运输体系的效率。这给我们选择我国信用信息共享机制模式提供了很好的启发。

信用信息共享机制建设的目的主要是解决市场主体之间信息不对称问题，如前所论述的，信用信息有多种表现形式，比如有主体的基本身份情况信息，有主体一般市场交易的原始数据，有主体的各类资质记录，有主体市场借贷行为的记录，有主体受到的评价，比如获奖情况、惩罚情况等等，这些记录、数据、信息，如果孤立地使用，并不能对主体信用状况做出准确、全面的判断。要对主体做出客观、准确、全面的信用判断，需要将这些分散的数据、信息、评价收集起来和综合起来。一个主体如此，多个主体也是如此，这种对众多主体上述记录信息的收集和整理过程，实际上就是建立信用基础信息系统（数据库）的过程。这是信用信息共享机制建设第一层次的工作。在这个层次，需要解决各种各类记录、数据、信息的公开问题、收集问题，系统（数据库）设计的技术问题，建设的投资问题等等。对整个信用信息共享机制建设来说，建设基础信用信息系统是基础工作。

市场上，需要将信用信息用于决策、经营的，主要是信用授信人，比如银行信贷机构、商业信用发放机构、交易利益相关主体，他们希望从市场获得的信用信息，是可直接用于决策的，经过整理加工的深度信用信息，通常就是受信人（或受信申请人）的信用报告。将信用基础信息数据库中的信息，以及从其他来源收集的信息，通过统计的、经济的、财务的、技术的等各种手段，进行归类、分析、整理加工成信用报告等信用信息终端产品是信用信息共享机制建设第二层次的工作。这个层次，需要紧密结合市场需求，选取信用基础信息系统（数据库）中的某些数据，并根据实际情况从其他途径获取被评价主体的信用记录数据，建立个性化的商业信用信息系统（数据库），运用某种信用评价模型，制作信用报告，并将信用报告储存到个性化的系统（数据库）中。从基础信用信息数据库调取数据，并补充其它来源数据，生成新的个性化的商业信用信息系统（数据库），这是信用信息共享机制建设的深度工作。

现在的问题很明显，既然基础信用信息系统和商业信用信息系统是可分离的，而且性质上看，前者具有公共物品的性质，后者具有竞争性物品的特征，那么，它们应该可以选择不同的模式。

考察铁路运输体系和市政交通体系"上下分离"的运作经验，即：下部基础设施系统为上部服务，公共产品的特征显著，采用公共模式；直接面向客户的客货运输服务等上部系统，竞争性产品的特征显著，采用民营模式。

基础信用信息系统依法向社会开放基础信用数据，服务的对象是不确定的，包括公共管理部门、企业（含完全市场化运作商用信用信息系统的征信公司）。商用信用信息系统则根据市场的需求，向客户提供深度的个性化的服务（包括信用报告、信用评分评级、资信调查等等）。

3. 我国企业信用信息共享机制模式

从我国国情出发，企业基础信用信息数据库应以"政府先期参与，逐步市场化运作的民营模式"为主；而直接面向市场客户，提供信用报告、企业资信评级等终端信用信息产品和服务的商用信用信息系统即征信机构，应采用完全市场化的民营模式，让民营征信机构在市场竞争中发展壮大。

上述建议，是综合考虑了我国征信业的发展历程和现状以及未来的目标提出的。

（1）我国已有了民营征信机构发展的良好基础。各民营征信公司已按照商业化原则在市场上运作，向社会提供客观、独立的信用报告。企业征信的市场化运作模式已经基本形成。与国外的竞争也不处于弱势，有了良好的基础。

（2）民营征信企业的信用信息来源更广泛，并不主要来自于金融机构，其宗旨是面向全社会提供信用信息咨询服务，服务范围也更大。

（3）市场化的运作方式和市场竞争的压力，会促使民营征信机构不断开发创新信用产品，它具有这个动力来为社会提供更多个性化的服务和多样化的增值服务。

（4）选择民营征信为主的市场化模式更有利于调动社会上的一切积极因素（包括资金和人才等）投入到信用服务行业的建设中，而不必政府大量投资，政府财政的资金有限。

（5）民营征信机构不依附于任何政府机关和部门，有利于这一行业更具独立性和公正性。

对于企业信用信息共享机制的模式或征信模式，大家基本已经达成共识。有关的法律框架和制度安排，应当尽可能为民营企业征信机构的发展创造有利条件，特别是加快政府部门的信息公开化进程。

4. 我国个人信用信息共享机制的模式

鉴于个人信息的敏感性和隐私保护的重要性，各国个人信用信息共享机制的模式选择都非常重视紧密结合本国的法律体系状况、经济发展阶段、民众文化习惯等实际情况。

从法律环境看，我国在信用管理领域的立法工作，还有很长的路要走，似乎不具备采用典型"私营模式"的个人征信方式的条件。另外，采用何种模式，政府往往还要权衡金融系统安全（包括信息安全）和扩大市场信用交易规模两者之间的孰重孰轻问题。由于个人征信的信息主要来自于金融机构（也有一些来自商业机构），而我国的相关法律，如《商业银行法》又对银行信息使用有诸多限制，导致民营个人征信机构难以较快发展，所以，短时期内，还不可能很快形成覆盖面较广的民营个人征信机构。

第二节　共享信用的技术

共享信用机制建设，最主要的工作都是围绕信用信息共享系统这一核心流程展开的。

一、信用信息流程与系统设计

一个完备的共享信用机制，应该具有健全的征信数据库、完善的法律体系、有效的行业规范、发达的信用管理教育和充足的人力资源。共享信用机制建设是一项复杂的系统工程，需要各种与信用管理有关的技术手段和网络手段的支持。首要的工作是建立有关企业、个人、社会信用资料的庞大而完善的数据库，在此基础上，要提供包括电信、网络、计算机和通信设备的制造和配套，要加强从业人员的培训与教育。从事信息管理服务的部门和组织要有能力根据不同的需要，对企业、社会资产、个人信息的"原材料"进行加工处理，保证向客户提供及时有效的服务。这些都需要长期细致的工作积累和大量的资金投入。

信用信息系统，亦称征信系统，是指由第三方机构将分散在各商业银行和社会有关方面的个人和企业信用和信誉信息汇集起来，进行加工、存储，形成个人和企业信用信息档案数据库，为银行和社会有关方面了解个人和企业信用和信誉状况提供咨询服务的信息系统。它是建立个人和企业信用制度、健全社会信用体系的重要基础之一。

社会信用体系的有效性取决于征信系统能够高效可靠地发挥作用，因此征信系统的结构设计、数据采集和更新、软件开发以及系统的管理维护都成为信用体系建设的关键工作。其中最重要的工作就在于设计一个层次化的系统模型，提高系统的可靠性，保证各征信系统间信息可以相互交换，实现系统间的互联接轨。

征信系统是以数据收集为基础的数据加工分析系统，基础数据的获得在很大程度上依赖于商业银行、司法机关、社会保障部门、工商税务部门。由于信用数据本身是动态的以及信用评价方法需要不断改进，作为建立在这些部门计算机信息处理系统之上的决策分析系统，征信计算机信息处理系统建设首先应当充分考虑系统发展的可能性，保障系统的灵活性和可扩充性，因此需要用开放的思想进行积木式的模块化设计。

征信系统的核心在于数据中心的建设，关键在于保证数据采集和处理的高效率。作为数据流通中心和数据加工中心，系统数据库要求数据收集针对性强，不盲目，数据真实、完整，采集成本低，数据利用率高。

在网络通信系统中，核心层、分布层、访问层各个层次同样应当采用模块化设计，所采用的设备应该具有可扩充能力，为扩展奠定基础。软件系统要采用可堆砌组合的模块化结构便于根据业务发展和变化情况，修改系统、调整参数和增加功能，保证系统灵活而有弹性。

安全性是系统建设中的关键，它包括物理空间的安全控制及网络的安全控制，应有完整的安全策略控制体系来加以实现。系统应当具备"交易状态维系"的功能，以保证无损信息交换；在设计中要考虑安全控制、预防对网络的恶意进攻，以提高系统的安全性及吞吐能力。

二、信用数据的采集

按照信用数据的来源主要可分为官方信息、银行信息、公共媒介信息和委托第三方调查的信息。各种不同来源的信息特点不同，来源不同，其真实性也不同，必须对收集来的信息有正确地认识和科学地分析，才能决定如何使用它们。

信用信息的准确性、及时性和完整性是信用报告价值体现的必要条件，是整个征信工作的基础和前提。根据我国目前现状，信息采集项目主要是指商业银行的贷款还款记录、信用卡信息、特别信息，公用事业单位的水、电、煤和通信交费记录，法院的民事刑事诉讼记录，公安的治安、刑事和经济处罚记录，社保局的社会保险信息等。

三、信用信息共享系统的结构

（一）信用信息系统的基本总体结构

征信机构运营的信用信息系统总体上包括面向信用信息源和面向客户的信用信息服务系统、对信用信息进行加工存储的信用信息数据仓库。当征信机构向工商行政管理、银行等部门采集原始信用数据时，实时数据抽取的通讯平台和传输通道、批量数据提取工具等必不可少。征信机构向客户提供加工好的信用信息产品同样需要畅通高效的服务系统。

（二）信用信息系统的数据存储结构

信用管理系统以信用信息为主要基础数据。客户（包括企业客户和个人用户）基本信息由信用信息数据库统一管理和维护。信用信息数据有集中式和分布式两种存放模式，从理论上讲，集中存储方式有利于数据的及时归类、加工，能够比较明显地提高信息利用效率，降低管理成本。

（三）信用信息系统的信用信息更新

信用信息更新一般通过外联中心系统中的"信用信息维护终端"实施操作；信息维护终端还应承担分布式数据复制的监控和管理，同时提供诸如标准对照表、业务类型描述等信息的维护。

从应用环境上看，信用信息更新和三个外部系统打交道：外联服务中心、分中心数据库和外单位数据库。从数据的流向来看，交流数据由数据集成系统抽取到数据仓库中。简单信息服务由客户服务中心从基本数据库中直接提取。这一部分的数据流向是双向的。服务中心在为客户提供简单信息服务时，将充分利用基本数据仓库的信息提供实时的查询，同时服务中心为客户的服务过程和服务日志又被数据仓库所记录。信息服务的深加工产品需要借助信用分析师的归纳分析能力，通过实施完整的业务流程，最后将分析结果反馈到服务中心，从而为客户提供了增值服务。

（四）信用信息数据库的应用框架

共享信用系统应用框架的设计主要考虑系统整体框架的适应性，另外用户和权限管理、界面设计及系统功能设置也应当同时予以重视。

从某种意义上来说，征信业务的发展有一定程度上的不确定性，各分系统模块需要不断地更新和扩充，同时新的数据增值服务的提供，数据分析和挖掘技术的引入，使得我们必须预先设定新增模块与旧体系之间的关联，因此系统间的信息接口和联接方式显得至关重要。保证系统的高度可扩展性是我们在系统整体框架的设计上贯穿模块化的设计思想的根本原因。

在所有模块中，数据采集和报告查询分系统是系统最基本、最常用的工作部分，它可以划分为相对独立的四大模块：

1. 数据采集和格式校验——数据预处理和采集系统，外部数据接口规范作为原始数据层。

2. 后台数据处理过程、数据整理和清理、数据标准化——按个人和企业归并的数据综合处理，综合数据层经过扩展和结构调整后作为基础数据层。

3. 信用报告查询、异议处理——产品服务系统。

4. 资信控制台、格式核验规则——系统管理。

上述四大模块形成一个完整的信用共享平台机制。

第三章

共享信用的应用范畴

第一节　社会信用体系概述

经过几个世纪信用市场的发展及信用理论的研究，形成的较为完整的信用理论及社会信用体系运行机制，对社会信用体系的作用尤其是政府作用形成了较为成熟地认识。

一、社会信用体系的基本概念

18 世纪至 19 世纪作为古典经济学的全盛阶段，是对信用问题研究较为集中的时期，论述虽然丰富但缺乏系统性，马克思结合英国的信用制度研究形成了较为完整的信用理论。

（一）信用

马克思认为信用在经济层面，是一种借贷行为，是以偿还和支付利息为条件的价值运动的特殊形式；在道德层面，信用是一般人最宝贵的品德。信用制度是在产业资本积累的基础上建立起来的较高级的流通制度。

信用包括企业信用、个人信用及政府信用。信用主体也据此分为一般信用主体和特殊信用主体。个人和企业属于一般信用主体，其行为发生在微观经济活动；政府则属于特殊信用主体，政府的行为既有一般的市场行为（如政府采购），又有非市场行为（如行政处罚）。

（二）社会信用体系

我国《社会信用体系建设规划纲要（2014—2020年）》中定义：社会信用体系是社会主义市场经济体制和社会治理体制的重要组成部分。它以法律、法规、标准和契约为依据，以健全覆盖社会成员的信用记录和信用基础设施网络为基础，以信用信息合规应用和信用服务体系为支撑，以树立诚信文化理念、弘扬诚信传统美德为内在要求，以守信激励和失信约束为奖惩机制，目的是提高全社会的诚信意识和信用水平。

社会信用体系涉及到市场经济体制的各个重要方面，是一个复杂庞大的系统，主要包括六个方面内容：一是信用的法律、法规体系，通过用以规范信用交易、信用服务、信用活动的成套法律和制度，保障社会信用体系的运行。二是信用经营机构，即信用市场中的授信人和受信人，是社会信用活动的主体。三是信用服务机构，这些征信公司、资信公司、信用管理咨询公司等信用经营机构提供信用服务，是社会信用体系的重要组成部分。四是信用监管体系调节活动，防范信用风险、规范信用行为、促进信用发展。五是失信惩戒机制，通过直接惩戒和间接惩戒，有效制约失信行为，监管机构通过一系列监督、规范、控制、保护良好信用。六是信用文化教育体系，主要包括信用文化推广和信用服务教育。

二、社会信用体系的运行机制[①]

社会信用体系运行机制是一个有机整体，由信用的生产交易、保障约束、监督培育等各个环节组成，是社会信用体系的核心组成部分，关系到社会信用体系建设的成败。

（一）信用保障机制

一套完整的信用法律、法规体系构成了信用保障机制，对社会信用体系运行机制的确立和实施提供法制保障。

（二）信用信息管理机制

信用信息管理系统的建立是信用信息管理机制的核心。信用信息管理系统主要由三个部分组成：一是公共征信数据库，是通过政府投资建立，或立法强制政府部门和社会其他

---

① 韩家平. 关于我国社会信用体系建设的再认识 [J]. 征信，2016,34(11):1-4.

单位提供信用信息建立的。二是统一的信用信息检索平台，由信用信息管理机构直接或授权中介机构来建立、管理和维护。三是信用信息的运营和传输，信用数据可以商业化开放经营，也可以由少数中介机构经营，计算机网络是信用信息传输的主要通道。

（三）失信惩戒与守信激励机制

失信惩戒与守信激励机制是社会信用体系运行机制的核心内容，通过综合运用经济和道德手段，以很低的成本惩治失信行为，对守信者给予奖励。一类是自发地在市场交易中实现激励和退出，一旦发生不良信用行为，失信信息会快速、长期地反映在市场交易中。在信用报告中，企业、政府或个人的交易对象可以查询相关信息，并放弃交易。

另一类是由政府制定政策，向守信的企业或个人倾斜。

（四）信用评价机制

信用评价机制在社会信用体系运行机制中具有重要地位。信用评价是以调查、征集大量信息为基础，科学运用评价方法和信息处理技术，加工形成以信用主体资信报告为基本形式的信用产品。信用评价机制由评价主体、客体、指标体系、方法以及信用评价行业发展模式组成。信用评价结果能够直接反映信用主体信用状况，增加信用市场的透明度。

（五）信用信息披露与快速传递机制

在相关法律体系的保障下，依靠信息网络技术平台，将银行、政府部门、行业组织的信息资源整合共享，并向社会公开披露。在此基础上，一旦某个信用主体失信，不良信用信息便被快速传递，确保了相关单位能够及时发现，迅速采取措施降低负面效应。

（六）信用教育与培育机制

信用教育与培育机制是一种自律机制，通过伦理道德建设、信用文化推广、专业信用人才培养，提高全民信用意识。

（七）信用辅助机制

信用辅助机制包括社会信用的宏观辅助机制和微观辅助机制。宏观辅助机制主要依靠企业产权制度、破产制度和信用配套保障制度，微观辅助机制主要依靠企业内部信用。

（八）信用担保机制

信用担保机制以中小企业、经营者以及担保机构为主体，以信用登记、征集、评估和发布为主要内容，有效帮助中小企业缓解贷款难题、提升信用能力，在健全社会信用体系建设方面发挥了重要作用。

（九）信用风险预警机制

信用风险预警机制是通过跟踪与监测社会信用，及时发现和处理信用风险。根据跟踪与监测对象的层次，把信用风险预警机制分为微观信用风险预警机制和宏观信用风险预警机制，前者主要监测单个市场经济主体，后者监测整个社会的信用状况。

三、社会信用体系的作用

（一）社会信用体系对经济发展的支持作用

社会信用体系建设与经济发展是相辅相成的。经济发展推动了社会信用体系的完善，社会信用体系建设也推动了经济的发展。

1. 解决了信息不对称问题

社会信用体系建设解决了交易双方的信息不对称。根据约瑟夫·斯蒂格利茨、乔治·阿克尔洛夫、迈克尔·斯彭斯提出的信息不对称理论，在市场经济条件下，交易双方中的一方比另一方拥有更多信息，信息比较充份的一方处于有利地位，而信息贫乏的一方处于不利地位，造成了交易关系的不公平或市场效率的降低。社会信用体系开放了交易主体的信用信息，使交易双方了解对方的信用状况，增加了交易行为的公平度、公正度和透明度，使各个交易主体在经济活动中自觉维护自己的信用形象，保证与对方的信用关系，实现经济发展的良性循环。

2. 降低了交易成本

社会信用体系建设大大降低了交易的成本。在经济活动中，交易成本又称交易费用，指所有为促成交易发生而形成的成本，主要包括了生产成本、管理成本、时间成本和机会成本等。社会信用体系保障了交易双方的诚信合作，降低了账款追收、违约诉讼等管理成本，提高了交易双方的交易效率，减少了时间成本。社会信用体系中的交易主体，交易行为规范，交易规则遵守程度以及诚信意识增强，提高了信用交易的成功率，为社会进步和经济发展起到了重要的促进作用。

3. 扩大了对外开放

社会信用体系建设是扩大对外开放的重要保障。资金、技术、人才等经济因素固然非常重要，制度保障也不容忽视。在经济全球化条件下，信用成为一个国家"引进来"、"走出去"的重要保障，信用等级不单纯是一个国家的形象问题，它直接影响到国家的交易范围、交易成本和交易风险。社会信用体系建设落后的国家和地区，难以吸引国际资本、先进技术和专业人才，缺乏竞争力，反之社会信用体系建设较为完善的国家和地区，对外贸易交流合作健康，确保对外经济持续稳定发展。

4. 促进了现代产权制度的建立和完善

社会信用体系建设有利于现代产权制度的建立和完善。信用基础和市场秩序的良好，能够促进资本的有序流动、重组。产权制度是划分、界定、保护和行使产权的一系列规则，是市场经济存在和发展的基础。归属清晰、权责明确、保护严格、流转顺畅现代产权制度，保障了在法律的严格保护下，产权关系的有效组合、调节。在社会信用体系中，产权交易双方受到富有弹性的市场监督，能够更加公开、公平、透明的交易，保证了国民经济持续健康快速发展和社会有序运行。

（二）社会信用体系对市场秩序的治理作用

社会信用体系具有健全的法律体系和严格的管理机制，能够全面、及时、高效、多层次地监控市场状态，维护市场秩序，保障市场经济健康、有序发展。

1. 有助于建立规范严格的准入秩序

市场准入是指一个国家允许外国的货物、劳务、资本参与国内市场的程度许可，是国家对市场最基本、最初始的干预，是政府干预经济、管理市场的制度安排，是保障市场运行规范的首道屏障。要想保障进入市场的企业满足一系列最低要求，保障进入市场的企业生产经营具有稳健性和持续性，保障市场经济能够规范、安全运行，严格且合理的市场准入机制必不可少。社会信用体系较为完备的国家，能够建立起快速、高效的信息传输系统，能够及时、准确地了解申请准入者的资信状况，科学判断其建立、经营的能力和意愿，从而更加准确地界定准入的条件。

2. 有助于维护公平合理的竞争秩序

经济主体符合理性人假设，以追求利润最大化为目标，他们的行为具有多样性。经济主体既可能通过诚信经营、付出劳动努力获取利益，也可能通过不讲信用、损害他人利益来达到目标。所以一部分选择后一种方式的经济主体，就给其他经济主体造成损害，破坏合理有序的市场竞争秩序。社会信用体系的失信惩戒与守信激励机制，是通过信用评价机制给予经济主体信用认定，利用信用信息快速传递与披露机制披露不良信用信息，惩戒恶性竞争，治理和整顿市场秩序，约束经济主体诚信交易，维护有序的市场秩序，保障公平合理竞争。

3. 有助于保持优质高效的交易效率

随着网络信息技术的不断普及，互联网、大数据、云计算等技术兴起，交易手段呈现出多样化的态势，经济交易效率也随之大大提升。但是，要想保障交易优质高效，仅仅依靠交易方式改进和信息技术应用推广是远远不够的，只有建立一个健全的社会信用体系，才能保障交易的规范化，才能保障交易效率的不断提高。

4. 有助于运行严格公正的惩戒机制

一个公平合理的市场秩序，要求交易双方诚实守信是交易开展的基础，任何经济主体为谋求利益而违背信用原则，都应受到制裁。这些制裁可能是法律上的制裁，比如罚款等行政处罚，也可能是市场的制裁，比如失去发展前景和合作伙伴。在市场中，一旦某市场主体产生失信行为，其他市场主体会杜绝与其交易，使之陷入信用缺乏困境。这种市场的自发行为，在惩戒失信行为的同时，对诚实守信的经济主体也给予保护，最终达到规范市场秩序的目的。

第二节 政务诚信

一、政务诚信的内含及其特征

政务诚信是对政府及其公务人员的基础性要求。在现实生活中，我们常常会遇到许多与政务诚信有关的概念，如政府诚信、政府信用、政治信任等，理清这些概念之间的联系与区别，有助于我们准确把握政务诚信的含义，更好地发挥政务诚信的功能。我们通常讲的政务诚信，一般是指政府及其公务人员在行政活动中的诚信，它强调的是法治视域下政府机关的诚信言行，强调的是政府机关要按照客观规律开展行政活动，强调的是政府的一切活动都要以满足人民的需求为终极目标[①]。由此看来，政务诚信是政府存在合理性、合法性与价值性的重要基础，它不仅表征着一个国家、政府和社会的文明程度，同时也是这个国家、政府和社会政治文明应具备的基本要求。

---

① 游云，韩美玲.政府诚信——构建社会信用体系的核心 [J].经营管理者,2011(16):43-43.

政务诚信，其本质为公共权力必须取信于民的问题。古人云："君者舟也，庶人者水也；水则载舟，水则覆舟。"一个朝令夕改的政府终将自食其果，一个不讲诚信的政府注定会被人们抛弃。政府是基于公共意志而产生的，那么，政府及其公务员在行政过程中就必须正确运用公共权力，凡事以诚信为准则，主动承担责任，才能极大地调动公众的政治参与热情，赢得社会公众的认同，进一步提升政治信任。

　　政务诚信不仅是现代行政领域的一种价值理念和行政品格，还是当前公共领域里的一种制度性的规范和要求。它要求政府工作人员形成自律机制，内化为道德意义上的人，成为广大群众竞相学习的楷模。由于其主体的特殊性，政务诚信有着固有的特征，主要表现为以下四个方面：第一，实事求是的行为品格；第二，公正透明的政府决策；第三，完善的法制；第四，清廉的政风。

二、当前政务诚信建设存在的主要问题

　　虽然我们在政务诚信建设上取得了较大成就，政府信用状况明显好转，但是我们还存在诸多问题，例如政务诚信建设理念相对滞后、政务诚信建设机制有待完善、政务诚信建设主体公信力有待增强，否则就好比埋下了一颗"定时炸

弹"，随时有可能摧毁我们在建设中取得的一切美好成果。[①]

（一）政务诚信建设理念相对滞后

理念，即理性化的想法、思维模式或理性化的看法和见解。理念一般位于某一价值体系的核心层，它是客观事实的本质性反映，是事物内在性的外部表征。古人云：金无足赤，人无完人。任何一种理念都有其无可避免的局限性，政务诚信建设理念也不例外。仔细来说，现阶段我国政务诚信建设的理念相对滞后，主要表现为：首先，重管制，轻服务。管制可分为经济性管制和社会性管制，目的是为了预防、解决市场经济中由于信息不对称引发的资源配置低效和资源利用的负效应。政府管制，一般是指政府依照一定的制度规则要求，允许或禁止组织或个人做出某些行为和活动的持续行政过程；其次，执政为民、服务于民是中国政府一贯奉行的立场，突出了我们政府以人为本的执政理念和执政要求。然而，由于受计划经济体制余波的影响，我国政府管理偏重于使用强制行政，社会生活的各个领域和各个行业无不打上了管制的烙印，政府服务意识欠缺，这在一定程度上禁锢了人们的思想，挫伤了人们的积极性。

（二）政务诚信建设机制有待完善

机制作为一种行为准则，是对人们总体行为的规范。政

---

① 范根平 . 政务诚信建设的路径研究 [D]. 山东财经大学 ,2014.

务诚信建设，需要以科学、合理的机制为依托，不断推进公共行政规范化。如果缺乏机制的保障，政务诚信建设只能是水中月、镜中花。当前，我国政务诚信建设机制有待进一步完善，较为突出的问题主要表现为以下几方面，如政务失信的救济制度不完善、政务考评机制尚缺乏科学性、政务互动机制有待完善等。任何一个体系必须依托一定的环境，与整个社会形成一种良性互动的态势，我们常称其为互动机制。政府作为公众利益的代表，必须尽可能地满足公众的愿望和要求，服务于民。与此同时，政府也要积极回应民意，使社会公众更好地知晓和理解政府各项政策及改革举措。

（三）政务诚信建设主体公信力有待增强

当前，我国不少公民尤其是政府公务人员在诚信方面确实有些言行有失，降低了整个政府的信用水平。在政策执行过程中，由于受政策方案、政策对象、政策资源、政策执行机构的影响，政策执行人员往往在传达、宣传、执行政策时扭曲或曲解政策，这必然影响公共政策的完整性和严肃性，降低人们的生活预期，影响社会经济的长远发展。然而，由于我国地方政府部门职能存在交叉，即在政府内部出现职能重叠、权限界定不清等现象，又不可避免地会产生一些负面效应，直接影响政府的行政效率，损害政府的信誉，致使政令不畅，建设停滞，阻碍社会经济的正常发展。

三、共享信用在政务诚信建设中的作用

经济社会中对信用信息的掌握有优势方，也有劣势方，信息的不对称使得信用信息得不到有效地利用，反而成为扰乱市场的不利因素，阻碍经济的发展。信用共享就是通过这种共享机制，把政府公共信用信息从各级政府机构、组织及其政务人员的优势方传向广大社会民众的劣势一方，弥补双方拥有信用信息不对称的不足。总之，共享信用的功能就是解决当前政务诚信建设中所存在的信用领域的问题。

（一）解决信息不对称问题

这里的信息不对称是指在政治代理人（政府）与政治委托人（公众）之间的不均匀分布。其中政府利用其信息优势地位，实施追求自身利益最大化的目标；而公众由于处于信息弱势地位，难以做出表达其真实意愿的选择，最终导致其权益受损。信息不对称问题，直接关系到政府的本质及其在公众中的信誉，关系到政府与群众的关系，关系到我国政治民主化的程度。当前，我国信息不对称问题还没有得到应有的重视和根本性的解决，如何最大限度地减少和弱化这种信息不对称的程度，是当前我国政府改革以及政治民主化进程中的重要课题。

目前，我国政府与社会公众的信息不对称性主要体现在以下几个方面：一是作为政府信息最主要的生产者和占有者，政府凭借其天然的信息优势垄断公共信息资源，公众在信息公开中明显缺位，严重影响了整个信息资源的开发利用以及社会公民和其他组织的切身利益；二是为社会和公众提供政府信息的渠道相对短缺，我国政府信息公开的方式较为单一，只有政府主动通过公报、新闻媒体、发布会、公告等方式将信息公开，还没有完全建立和实行依照公民申请而公开信息的机制；三是公众自由获取政府信息的机制和理念尚待进一步建立和完善，在公民无法正常获取信息时，缺乏有效地救济手段和途径。

鉴于此，在当前政府诚信建设过程中，共享信用的根本作用就是为了解决经济社会中政府与社会公众之间的信用信息不对称问题。共享信用，通过搭建信用信息共享系统作为信用信息共享的载体，把信用信息从优势方政府传递到劣势方社会公众，使得信用信息拥有量呈现均衡化。共享信用，通过现行有关政府信息的法律法规的进一步修改和完善，可以最大限度地保护社会公民的知情权和维护政府以民为本的宗旨，提高政府部门的社会公信力；通过加强政府信息公开的制度和程序建设，可以把政府信息对社会公众予以最大限度地公开化，破除行政领域的信息神秘化，增进社会公众对其政治代理人政府部门的信任与依赖；通过加强社会公众对政府信息的了解与掌握，可以最大限度地实现社会公众对政府的监督约束与参政议政，有利于提高社会的民主化程度，也可以有效地防范政府腐败行为。

（二）提高社会公众对政府诚信的监管效率，降低政府行政管理成本，加快社会管理转型

长期以来，我国政府系统的制度设计与理论研究都隐含了这样的价值前提，即政府是全知全能的道德圣人，值得我们完全信任与依赖。因而，不论是大众的日常生活，还是学者的理论研究，都缺乏对政府监管的基本价值的充分探讨，缺乏对政府监管的正当性与合理性的不断追问和深刻反思。经验告诉我们，政府既不具备充分的理性，也不拥有完备的德性，政府有着自身的特殊利益，不受民众有效控制的政府常常利用公共权力为自己谋取种种不当之利，政府也常常被"俘获"，某些监管行为只是促进了特定团体的利益而损害了社会公众的利益。

因此，政府监管研究的首要问题在于探讨政府监管的公共目的与基本价值，探讨政府行为的伦理与道德。一方面，共享信用通过实现社会公众和政府的信用信息共享，进而实现社会公众对政府诚信的有效监督，促使人们理解我们的国家利益或公共利益之所在，据此确立政府监管的道德诉求与行为界限，不断匡正政府施政方向、矫正不当监管行为；另一方面，由于政府信息制定不公开、政府建设不够透明、政绩考核制度不够健全以及财政管理体制不完善等诸多原因，

我国政府系统的行政管理成本一直居高不下，共享信用通过实现社会公众和政府的信用信息共享，可以很好地增强政府信用信息的公开化程度，有效地降低了政府的行政管理成本，有利于不断深化行政体制改革以实现建设节约型政府。再者，社会管理转型是当前中国特色社会主义事业发展的迫切要求，而信用共享模式是中国特色社会主义发展阶段中社会治理转型的必然形态，共享信用可以通过全社会信用管理实现社会管理转型的完美衔接以提升政府的执政能力，提升社会经济转型发展的执行能力。

第三节　商务诚信

一、商务诚信的内涵及其分类

目前，我国尚处于社会主义市场经济的转型期，政治、经济、社会各方面建设都已经取得了举世瞩目的成就。但是，同时也暴露了过于片面追求发展速度所隐含的一些问题，最突出的体现在商业活动主体在社会经济生活方面，仍然存在着一些诚信缺失行为。商务诚信缺失严重影响到我国的社会主义现代化建设的全面发展，破坏了我国的道德风尚，大大增加了商务活动主体在业务往来中的交易成本，浪费了企业的多种资源，影响企业的效益和长远发展，更加严重地破坏了社会主义市场经济本该具有的公平竞争、友好合作的良好秩序，阻碍国民经济的健康有序发展，进而影响我国在经济全球一体化中的地位和参与国际竞争的实力。

（一）商务诚信的内含

商务诚信，是指商务活动主体即商贸流通企业，在与自己相关的其他主体进行交往活动中，诚实守信、遵守诺言，并获得其他行为主体的信任，不欺骗自己的良心、不欺骗消费者、不欺骗合作者，坚持以诚信为本、诚实经营，同时重视承诺，不轻易毁约。商务诚信是企业与其他经济主体之间、企业与消费者之间友好和谐关系的体现，是社会主义精神文明建设的重要组成部分，建设商务诚信不但对企业自身的发展有非常重要的意义，而且更加有利于市场经济持续、健康、快速的发展，是建立社会主义和谐社会的重要保障。

（二）商务诚信的分类

根据商务诚信的内含，结合我国社会主义市场经济的发展现状，我们可以将其中的商务诚信分为以下几类[①]：

1. 企业内部管理的诚信

社会主义市场经济条件下，企业之间的竞争越来越激烈。这不仅是企业资本实力的竞争，科技创新实力的竞争，这更是企业综合实力的竞争，尤其是企业软文化实力的竞争和内部管理的竞争。企业的内部关系主要有管理者与被管理者、上级与下级、员工与员工之间的关系，相应的，企业内部的诚信也包括以上人员关系之间的信任机制。现在，劳动关系越来越受到法律的保护。员工一入职，企业就要与员工签订劳动合同，详细约定好双方的权利和义务。这样，双方

---

① 赵付娟. 当代中国商务诚信建设研究 [D]. 厦门大学, 2010.

就形成一种相互依托的契约关系，各自的权利都有了保障。一旦发生利益纠纷，就可以按照合同的规定进行谈判或者由工会参与调解，还解决不了的问题，就可以走法律程序维护各自的合法权益。按照合同约定，企业为员工提供工作机会、福利待遇和发展空间，让员工成为企业的真正主人，让员工感受到企业的凝聚力；同时，员工也为企业创造价值，以主人翁的心态参与到各项工作中，让企业认可其能力和价值，保证企业的平稳发展。这种契约关系的建立与发展基础，就是诚信机制。

企业与消费者之间的关系是直接与利益相关的。企业要想生存发展，就要发现、征服并培养自己的顾客群，这样才能拥有广阔的市场，才能有强大的发展后劲。甚至可以形象地说，消费者是现代企业的衣食父母。没有广大的顾客群，企业就没有市场占有率，就失去了利益的来源之地。企业要想留住这些衣食父母，必须做好与消费者之间的诚信管理，做到诚信经营。这直接关乎企业生存与发展的命脉。只有做到以诚信为本，才能吸引并留住"衣食父母"，才能成为誉满天下、蓬勃发展的企业。企业与消费者之间的诚信契约，首先表现在企业生产出优质的产品销售给消费者，以安全负责的态度面对消费者，做好产品的售前、售中和售后检查，确保产品的安全性、价格的合理性、功能的可靠性以及后续服务的有效性等等。也就是说，产品完全凝结了企业诚信的契约精神。同时，消费者以可接受的价格来购买此商品，即用等值的货币换取等值的商品，这也体现了消费者对企业的履约行为。这种等价交换为企业的不断发展提供动力，同时也满足了消费者的生活需要。

3. 企业与企业之间、企业与银行之间的诚信

"信以导利"、"信以生利"是企业应遵循的基本原则。企业与企业、银行等其它一切经济组织之间的经济联系和往来，绝大多数都采用经济合同的形式。经济合同具有法律效力，但是，履行合同更重要的是靠诚信。良好的信誉是企业获得成功的根本，只有诚信，才能获得信誉。这就要求企业在与其它一切经济组织进行业务往来时，要建立平等、信任的合作关系，以诚信为本，自觉遵循社会主义市场经济的公平交易和等价交换原则，严格履行合同约定，不恶意拖欠货款或债务，不制造关系混乱的"三角债"，从而保证合作的顺利、有序进行，最终实现双赢。

4. 企业与政府之间的诚信

企业与政府之间的诚信主要表现在企业的纳税义务上。国家和政府制定了大量的优惠政策鼓励支持非公有制经济的发展，大力支持中小企业，尤其是高科技的微小企业，为企业提供了广阔的发展空间与美好的发展前景，企业利用这些社会资源创造出了大量价值，除了满足自身的发展需要外，还有责任有义务回馈政府，目前主要是采取纳税的形式。这就要求企业非但不做假账，不偷税漏税，还要积极主动地配合相关部门的监督检查。

5. 企业与社会之间的诚信

广大消费者对企业的整体形象和对其社会地位的认可，与政府的大批量扶持政策以及广大消费者对企业产品的喜好和认同，为企业发展提供了良好的社会环境。企业的发展离不开社会，企业在注重自己发展的同时要注意与社会之间的诚信，这主要体现为企业的社会责任，包括经济责任、法律责任、伦理责任、环保责任和慈善责任等。企业是社会的细胞，它与社会共生存、共发展、共繁荣。只有把社会效益纳入到企业发展的考核之中，而不再单单追求经济利益的最大化，企业才能得到更多的社会认可，才能获得可持续发展，获取更长远的经济利益。

二、商务诚信建设中存在的问题

改革开放三十多年来，中国的社会主义现代化建设事业取得了非常大的成就，中国的经济实现了持续快速增长，政治文明越来越进步，社会各方面建设也快速发展。但是，由于片面追求发展速度，也导致了一些问题的出现。比如社会主义市场经济体制虽然建立起来，但是还有许多不完善的地方，还不是很成熟，最突出地体现在商业活动主体在社会经济生活方面，仍然存在着一些诚信缺失行为，比如企业内部管理中存在很多不诚信行为、企业在经营过程中与顾客之间存在着不诚信行为、企业与合作伙伴在交易过程中有不诚信行为、企业与有业务往来的银行之间存在不诚信行为、企业与作为管理者和服务者身份并存的政府之间的诚信缺失、企业与整个社会大家庭之间的诚信缺失。只有充分研究并分析当代中国商务诚信缺失的表现、危害和原因，才能有助于我们找到有效地解决商务诚信缺失的方法和途径，从而解决商务诚信缺失的现状，为社会主义市场经济的健康发展创造一个良好的道德环境，促进社会主义精神文明和物质文明的同步发展，同时进一步完善社会主义的法治文明。[①]

（一）企业内部管理的诚信缺失

目前，企业对员工的诚信缺失主要表现在以下几个方面：

首先，管理者（上级）的诚信缺失。现在的很多企业都实行基本工资加绩效的工资模式，基本工资是固定的，但是绩效是活的。而管理不完善的公司，员工的绩效取决于他与管理者（上级）的关系，关系好，绩效工资就高，关系不好，绩效工资就低；其次，同级之间的信用缺失。当代市场经济条件下，很多工作需要团队合作来完成，团队合作精神和能力也就越发重要。但是，总免不了有些自私自利的人，处于一己私利或者是小团体的利益，不能与大家积极地合作，最终因小失大，导致了公司集体利益的损失；再次，一

---

① 赵丽涛，余玉花. 道德诚信：财富创造的伦理基石 [J]. 大连理工大学学报（社会科学版），2014, 35(4):63-67.

些企业在雇用员工时要求职工签订条件苛刻的"霸王合同"，尤其是对于刚踏上社会的大学毕业生，在外务工的农民工，以及急需工作的下岗职工，经常用不合理甚至不合法的霸王条款使他们受到不公平待遇。

（二）企业与企业之间、企业与金融机构之间的诚信缺失

企业之间的诚信合作经营是整个市场经济健康、平稳发展的重要保障，通过有效地合作，实现强强联合，可以提升企业自身的发展水平，同时对营造整个社会的诚信氛围也具有非常重要的作用。然而，企业之间违背诚信的经济行为屡屡发生，相互拖欠、恶意违约的事件一再出现，使得全社会的信用链条出现了断裂。

企业与企业之间的诚信缺失行为，包括企业间商标的侵权、违约经济合同以及在经济交往中出现的各种欺诈行为。现在一些知名品牌遭遇商标侵权的现象十分普遍，一些不法分子利用一些经营者急于加盟知名品牌的心理来制造陷阱，用侵权商标骗取加盟费的案例屡见不鲜。同时，企业之间，尤其是国有企业之间相互拖欠货款问题严重，逾期应收账款额度居高不下，已成为经济运行中的一大顽症。

企业与金融机构之间的诚信缺失主要表现在对银行等金融机构的恶意贷款。在我国经济体制改革与转轨的关键时期，企业发展所需要的资金由以前的财政拨款转成了银行贷款。在这样的背景下，企业与银行之间的关系是一种合作与

服务并存的关系，但是一些企业在谋求自身发展时，通过不合理的评估，从银行获取巨额贷款，到偿还债务时又千方百计的逃避。企业失信于银行，必然导致银企关系恶化，资本流通受到很大限制，导致多家银行出现了大量的呆账、坏帐、死账，银企双方陷入了信任危机，影响了金融机构的健康发展。

（三）企业与政府之间的诚信缺失

目前，企业与政府之间的诚信缺失主要表现在：首先，企业在注册成立时隐瞒相关信息，骗取政府的优惠政策等；其次，企业只顾享受权利，而对自己应尽的义务置之不理，逃避企业应该承担的法律责任和社会责任。比如：为了少缴甚至不缴税，他们给税务部门专门定做的账目，主要用来记录企业亏损；为了获取更多的优惠政策，他们给政府或相关金融机构专门定做的账目，则要虚夸企业的经营业绩，夸大企业的价值等。这些财务失真，破坏了整个商务领域的诚信环境，极大地影响了税务机关的正常统计工作和征税工作等，严重的会导致国家的财政收入大大减少，而财政支出大大增加。

（四）企业与社会之间的诚信缺失

企业对社会的诚信缺失主要表现在：首先是企业对公共环境缺乏道德诚信，一些企业在发展过程中，只看重自身经济利益的得失，而不顾及社会利益和国家利益，随意排放"三废"，任意破坏社会环境，不注意社会资源的节约和保护，尤其是对水资源的污染和浪费严重；其次是企业对自己做出的慈善承诺不予履行，或者忽视应尽的社会责任和义务等。为了提升自己的企业形象，一些企业在慈善活动中大口许诺，但在承诺兑现时却两手空空，造成了很多为世人所不耻的"诈捐事件"。同时，一些企业一心只谋求利润的飙升，忽略了自己应尽的社会责任和义务，漠视社会福利活动，使公众对企业的认可度逐步降低。企业与社会之间的诚信缺失，还表现在一些上市公司财务造假欺骗社会和股民等方面。

三、共享信用在商务诚信建设中的作用

现代经济是需要文化滋养的经济，其中商务诚信文化是现代经济发展最不可缺少的文化元素。商务诚信不仅是现代经济活动的必要条件，而且赋予现代经济活动以价值的意义，使经济活动在增进财富利益的功能基础上，更具有精神享受的文化作用，而精神享受则又成为合理获利的推动力量。在某种意义上，商务诚信文化成为衡量现代经济发展的重要动能与合理程度的标尺。中国现代经济从提出社会主义市场经济为起始，迄今已有20多年了，中国经济已经跃上

了世界前列。但是，由于我国尚处于经济转轨的过程中，与社会主义市场经济相适应的道德规范并没有及时形成，这就在商务诚信建设过程中出现了一定的道德真空，加之与之相适应的配套经济制度和体制缺失，以及现阶段我国社会主义市场经济本身的不足与局限性、商务主体诚信意识的缺失等，使得我国现代经济中的商务诚信建设仍然存在一系列问题，诸如企业内部管理的诚信缺失、企业与消费者之间的诚信缺失、企业与企业之间以及企业与银行之间的诚信缺失、企业与政府之间的诚信缺失，企业与社会之间的诚信缺失等。信用共享的存在，正是通过一种信用信息资源的共享机制，真正解决商务领域的信息不对称问题，弥补市场经济中各商务主体之间诚信缺失的不足，同时还可以节约交易成本和优化社会资源配置效率。

（一）解决商务主体之间信息不对称

目前，我国电子商务发展中信息不对称所带来的影响主要表现在以下几个方面：一是对市场的影响。与传统市场相比较，电子商务市场所存在的由于产品的质量保障不确定而引发的信息不对称问题不仅存在，而且更加严重。因为大多数字产品多为经验产品，它们的质量只有在拿到货物使用之后才能被发现和了解，而许多信息商品只会被买家购买一次，这一特点就使得生产厂家没有一个更好的方式来使得消费者完全信任他们产品的质量。同时，因为经验产品只有通过消费者的实际使用来了解该产品的质量情况，所以即使做大量的广告和产品信息也并不足以使消费者相信其质量，消费者也不会购买。如果顾客对质量有一定的了解，顾客可能会冒险一试，但若顾客对某种产品需求只会使用一次，这种冒险的可能性将非常小。另一方面，在电子化市场上销售商的身份信息也很难辨认，由于这种不确定性的存在，顾客不敢冒险尝试购买，市场运作的效率将十分低下甚至根本就无法运作；二是对消费者的影响。从消费者的角度来说，现阶段电子商务市场还不发达，仅仅是传统市场的有益补充，如果消费者在电子商务市场上有了失败购买经历，那么他将很有可能不再进入。另外，电子商务市场的可选择性非常强，如果消费者一次购买不满意，他就很有可能转向另一个可替代的商品市场。电子商务市场的上述特性以及电子商务市场中的商品特性使得客户购买的忠诚度降低，将客户保留在一个市场上的难度加大。电子商务的发展是以广阔的市场消费群为基础的，如果一个电子商务市场上的消费者甚少，那么这个市场也失去存在的必要性，因此电子商务市场中消费者的减少将会给电子商务的发展带来致命的打击；三是对商家的影响。从商家的角度来说，在电子商务市场上，拥有优质产品的卖者不能像传统企业那样简单通过扩大规模来提高竞争力，同时电子商务市场上的商家与产品的生命周期比传统市场上短得多，商家建立品牌信誉的可能性降低，品牌信誉无法发挥效力商家面临着更大的压力。①因此，市场要正常发展解决信息不对称所引起的问题是当务之急。

首先，在商品交易中，由于卖方了解产品质量，买方不了解产品质量。因此在不清楚产品质量，在物美价廉的心理驱使之下，买方一般愿意选择价格低廉的产品。即使在"一分钱一分货"的清醒认识下，买方也只愿意支付市场平均价格购买高价产品。这样导致高质量、高价格的产品卖方如果不能说服买方相信他们生产产品的高质量，他们便很可能被低质量、低价格产品的卖方挤出市场。从而出现"逆向选择"问题，最终导致"柠檬"充斥市场，导致市场机制失灵。共享信用，通过实现消费者与商家之间的信用信息共享，可以有效解决彼此之间的信息不对称，可以有效地遏制这种所谓的"劣货驱逐良货"现象，使得市场发挥其应有的资源配置基础性作用。

其次，现在的电子商务市场不像传统市场，卖方经常对消费者的需求，对产品特性的需求不是非常了解，而买方了解自己的需求及产品特性的需求。这样会造成卖方所展示的信息和消费者所需信息形成错位，最终导致交易失败。共享信用，通过信息共享机制可以很好地解决买卖双方的供求信息不对称问题，弥补彼此之间的信息错位，更容易促成交易的顺利实现。

---

① 刘向明. 解析电子商务中的信息不对称问题 [J]. 湖南大学学报（社会科学版),2009,(05):57-60.

再次，在商品交易后，不管是买方还是卖方都很容易出现道德风险问题。当买方收到货物后在不完全承担风险后果时会采取自身效用最大化的自私行为，例如隐瞒收到货物的实际情况，拒不付款或者恶意退货，损害卖方的利益。卖方由于占有较大的信息优势，在合同达成后，很可能会以次充好，给买方质量较低的同类商品代替原来买方所看到的商品。由于买方无法感知，出现这种情况的可能性就更大。信用共享，通过买卖双方信用信息的共享，可以在交易前切实了解到彼此的资信状况，可以有效地规避道德风险问题。

（二）节约商务交易成本，优化社会资源配置效率，有效促进社会经济体制改革

在社会经济发展过程中存在着两方面的经济关系：人类与物质世界的关系和人类与人类的关系。在人类与物质世界的关系中，获取的是一定的物质产品，支付的是存在于生产过程中的人、财、物的耗费，即生产成本；在人类与人类的关系中，获取的是一定商品和生产要素的交易量，同样要支付一定的人、财、物的耗费，即交易成本。人类作用于物质世界的生产成本的降低带来了生产过程中的效率提高、产业升级、经济增长，而人类与人类社会关系的交易成本的降低则会促进流通过程中的效率提高、市场有效、财富流动。

在现今信用经济时代，现代市场经济越来越依赖信息尤其是信用信息的交流带动资金和商品的流动。市场供求双方

首先需要进行信息交流，然后才能进行投资、融资和商品交换活动，而信用信息的沟通与交流是基础前提。在这种市场需要利用信息资源进行决策的情况下，市场一方可能会利用自身相对于另一方的信息优势来构造信息不对称下交换或者投资决策的局面，从而达到自身经济利益最大化的目的。对于企业来说，共享信用通过建立信用信息共享平台实现商务主体之间的信用信息共享，例如，信用信息共享平台通过采集来自政府机关、企事业单位、银行和个人的信用数据，经合理的机制加工生产信用信息，然后向社会开放。在这个信用共享平台上，信用信息的需求者可以便捷地获取充分的信用信息，从而经济社会中信用信息不再存在绝对的优势方和劣势方，信用信息通过共享平台抹平了信用信息的掌握程度的差距，从而最大限度地降低其交易过程中耗费的资源即交易成本。这样，在全社会共享信用的基础上，通过信用管理创新，可以实现社会资源的优化公开配置和地方经济的健康发展，最终通过信用管理实现中国特色社会主义初级发展阶段经济体制改革更好地管理运行。

第四节　社会诚信

一、社会诚信的内含

社会诚信是社会人的共同道德，是最基础的人的品质和社会关系。在现代社会生产生活中，社会诚信广泛作用于各个行业，表现在各个方面，其中主要包括：政治社会诚信、经济社会诚信、思想文化社会诚信和人际交往的社会诚信等等，成为了社会主义核心价值体系的一部分。[①]

关系和诚信现象，它是政治社会的诚信规范，是政治社会诚信的理念，是政治社会诚信的原则等多方面的综合表现。政治社会诚信不仅涉及人的权益，而且涉及众多群体的关系，因此在中国古代，许多思想家对此都极其重视。自人类有史以来，社会政治就集中表现在对法律、体制、政治和权力的建设与维护上，这是政治社会诚信存在和发展的基础，是政治社会诚信最主要的反映。政治社会诚信除了要以

[①]　杨成珍.论社会诚信制度体系建设[D].西南财经大学,2012.

法律为支撑发挥其作用外，还需要政治社会单独发挥其作用。这种作用由于是通过权力和集团的某些群体来操纵的，因此它会遵循诚信，但也会摆脱诚信，会有公平公正的体现，也会有公平公正的相反一面，并由此来约束和选择自己的政治行为，以实现良好的政治效益。

思想文化的社会诚信，有时也称为精神社会诚信，这是诚信在人的思想和文化中的直接反映，是存在于社会思想文化中的社会诚信现象，是政治社会、经济社会诚信的另一种表现。人的精神生活并不是个人世界的想入非非，也不是冥思苦想的结果，而是对现实的物质生活及社会关系的客观反映，是现实社会的真实写照。因而思想文化的实质，就是以精神形态对社会关系和社会生活的表述。人与人之间的精神关系的基础，人与人的诚信关系，其本质都是人的精神上的需要，是自我价值的实现需求。

人际交往社会诚信是指调节人与人之间交往关系的道德关系。社会由人群组成，人的生存离不开相互之间的交往。只有和谐的人际关系，才有和谐的社会。人与人之间的交往要遵循社会诚信原则，做到以诚相待、实事求是、言行一致、表里如一、真实不欺、诚实守信、相互帮助、团结友爱、相互信任、相互理解。

二、社会诚信建设中存在的问题

随着当代中国市场经济的逐渐形成，人们的道德生活和道德观念都发生了翻天覆地变化，传统的利益观、忠诚观受到挑战。与市场经济相适应的价值观开始形成。追求个人利益，重视个人价值、开拓创新、讲究效率、平等竞争的观念日益加深。但是，在追求个人利益的同时，用不诚信的手段谋取利益也比较普遍存在。市场经济中出现了大量商业欺诈、制假贩假、唯利是图等现象，社会诚信成为少数商家和个人的稀缺行为。

我国开始构建社会主义市场经济以来，诚信缺失的问题开始凸显出来，逐渐成为一个普遍的社会现象。诚信缺失干扰社会正常秩序，污染社会风气，毒害人们思想心灵，让人们在社会各种交往中没有了安全感、信任感和责任感，是构建社会主义和谐社会的重大障碍。尽管党和各级政府采取各种措施加以制止和消除，但到目前为止这个问题并没有得到根本的扭转。

（一）个人诚信的缺失

人是社会的集合体，社会是人的社会，社会诚信是人的诚信的集中表现，个人诚信则是社会诚信的直接的表现和基础。今天的社会，个人诚信缺失突出表现，就是指一些人利用制度的不完善，进行恶意的践踏制度、谋取非法利益和名誉的行为。个人诚信缺失给社会带来十分严重的不良影响。

（二）企业信用的缺失

我国目前正处在由计划经济向市场经济转轨时期，企业信用出现了严重缺失现象，集中表现在蒙骗、欺诈、做假账、违约、制售伪劣商品，赖账赖债和偷税漏税等种种恶劣行径。银行信用是当代企业信用恶化的代表。银行的信用水平的高低决定着一个国家信用的好坏。当前，我国银行信用低下主要有两个原因：一是受企业和个人信用低下的影响，银行信用严重受损。大量呆账、坏账、死账的产生，使得银行的贷款门槛逐渐提高，许多急需融资的中小企业无法获取资金，导致生产中断，使银行应有的资金无法正常发挥作用，甚至有的银行严重亏损，只能依靠日常基本业务来维持周转，一旦发生较强的竞争将严重影响社会稳定；二是银行自身内部存在的问题，有的银行以贷谋私，在贷款时向企业索要好处费，甚至直接从贷款中扣除手续费。我国政府对银行监管严格，四大商业银行都由国家控股，其存款的增加只是以国家的信用为基础，用国家的信用来维护。

（三）政府公信力的缺失

政府是建设诚信机制的主导体系，它是各项政策的制定者，同时也是各项方针的执行者和维护者。因此，政府的诚信是整个社会诚信的基石，也是社会诚信的核心。在市场经济条件下，由于许多地方和部门的政府官员还习惯于用行政命令来调整经济关系，不能平等对待同是经济主体的企业和个人，故在行政命令的方法不能用或不好用的时候，就采取了一些不诚信的方法，甚至行政行为不规范与行政行为不作为。

三、共享信用在社会诚信建设中的作用

诚信是人类社会的基本道德规范，是一种宝贵的社会资源，是立人、立业、立国之根本。发展社会主义市场经济，弘扬社会主义思想文化，必须大力建构社会诚信体系，提高社会诚信水平。"建构社会诚信体系，需要从道德、制度和法律等方面多管齐下，公民、社会组织和政府等共同努力，但归根结底，首先要通过良好的制度安排来为社会诚信提供坚实的支撑和保障。社会诚信制度体系是社会诚信体系的核心，是建设中国特色社会主义的重要保证。鉴于当前我国社会诚信建设过程中各个领域内所存在的种种问题，共享信用通过这种不同社会主体之间的信用信息共享机制以解决社会诚信领域信用缺失的问题，不仅弥补了信息不对称的不足，而且还可以不断完善社会制度体系推进社会公平正义，完全符合完善社会主义市场经济体制的内在要求。

（一）解决不同社会主体之间的信息不对称问题

共享信用，通过建立健全信用信息公示机制，推动政务信用信息公开，全面落实行政许可和行政处罚信息上网公开制度。除法律法规另有规定外，县级以上人民政府及其部门要将各类自然人、法人和其他组织的行政许可、行政处罚等信息在7个工作日内通过政府网站公开，并及时归集至"信用中国"网站，为社会提供"一站式"查询服务。涉及企业的相关信息按照企业信息公示暂行条例规定在企业信用信息公示系统公示。推动司法机关在"信用中国"网站公示司法判决、失信被执行人名单等信用信息。

在个人诚信领域，共享信用可以实现更好地建立完善社会信用代码制度，有利于社会范围内个人信用信息数据标准的规范化运作，进而有利于个人综合信用评价制度的有效建立，从而建立个人信用风险预警和管理制度。

在工程建设领域，共享信用可以有效健全项目信息和信用信息公开制度，有利于出台与诚信评价配套的工程评标新办法和招投标新规则，从源头遏制围标串标行为。此外，不仅有利于制订实施建设市场信用信息管理办法、建设市场信用记录认定标准、建设市场从业单位综合信用评价办法，还有利于建立健全不良行为记录公示制度、工程建设市场准入退出制度等。

在食品药品安全领域，共享信用可以有效完善食品药品安全信用档案，加快建立食品药品企业信用信息征集制度和负面信息披露制度、信用评价制度，建立面向社会的食品药品企业信用信息查询制度和信用信息公开制度，强化对食品企业、餐饮服务企业、药品及医疗器械生产经营企业的信用分类监管制度，建立失信惩戒公示机制，切实解决制售假冒伪劣、虚假广告、价格违规、商业欺诈等突出问题。

在交通运输领域，共享信用可以健全企业及相关从业人员信用档案制度，完善交通运输企业信用分类监管制度，强化出租汽车、道路客运、危险货运等16类企业的质量信誉考核制度，建立具有监督、申诉和复核机制的综合考核评价体系。

在金融领域，共享信用可以支持金融机构整合金融类信用信息，帮助建立包括信贷、证券、保险等信用信息在内的金融数据库，逐步完善金融业征信平台建设，形成非金融类信用信息与金融类信用数据资源共享机制。建立信用信息服务制度，推行金融业诚信公开承诺制度，诚信经营内部考核和监管制度，金融领域违法失信行为惩戒制度等。

在电子商务领域，共享信用有利于建立健全规范电子商务经营和交易行为等的诚信制度，推行电子商务主体身份标识制度、网店产品质量认证制度，有利于推进企业电子商务诚信管理机制建设；有利于推动形成行业自律、社会监督、行政监管相结合的电子商务诚信评价监管模式，实施电子商务交易实名交叉认证制度，指导电子商务企业建立健全客户诚信管理和交易评估制度；有利于建立完善电子商务诚信服务和保障制度，推动诚信调查、诚信评估、诚信担保、诚信保险、诚信支付、商账管理等第三方诚信服务和产品在电子商务中的推广应用。

（二）不断完善社会制度体系，推进社会公平正义

首先，共享信用有利于建立社会诚信法律法规体系。在社会诚信方面，我国没有专门的法律，诚信的规则建于一些部门法之中，虽然出台的法规、规章不少，但是还没有形成体系。鉴于诚信是人类摆脱行为任意性的基本要求，是社会正常运行的必要条件，关系到行为人（包括自然人和法人）的人格尊严和权益实现，既是道德问题又是法律问题，我们建议将信用或诚信作为原则写入宪法。目前，在法律层面，虽然我国的《民法通则》、《刑法》、《合同法》、《反不正当竞争法》、《消费者权益保护法》等，也有信用、欺诈方面的原则性规定，但针对性和可操作性不强，不能发挥对失信的不良记录曝光的惩戒作用。所以，信用信息公开必须要单独立法，即制定信用信息公开法。共享信用，正是适应社会制度体系发展的内在要求，通过信用信息共享这一机制可以有效促进建立社会诚信法律法规体系，有利于出台信用信息征集法、公平信用报告法、信用信息监管法、公民信息保护法等法律。与此相适应，共享信用在国家层面的应用需要建立和完善相关的条例，而在省市层面还需要加快制定或修订规范

征信活动和信用服务市场等方面的地方性法规（如出台和完善公共信用信息条例、企业信用信息公开条例等），以形成完整的诚信法规体系。

其次，共享信用有利于健全社会诚信规章体系。社会诚信体系主要包括两大组成部分，一部分是行政规章制度，另一部分是企事业单位、社会组织规章制度。在行政诚信规章体系方面，共享信用通过信用信息的共享，有利于信用代码数据共享制度的实施，更有利于完善企业信用信息基础数据库管理办法、个人信用信息基础数据库管理办法；有利于建立健全社会信用标准体系，建立全国统一的信用信息和技术标准、征信服务标准、信用信息安全标准。各地可结合实际，及时研究制定信用信息共享、企业信用评价、企业信用管理体系认证等方面的标准规范，逐步形成信用工作标准体系，有利于制订统一的政府联动监管应用的信用评价指标、评价标准、评估规程及信用报告的内容和格式，以建立企业和个人信用评价标准体系；有利于建立信用评价制度体系，包括建立行政管理服务信用资质评价制度，信用等级划分和确认制度，企业法律责任社会责任评价制度，债务人（贷款申请人和贷款使用人）信用评价制度，公开发行金融产品风险评价制度等；有利于健全信用监管制度，实行企业、事业单位和社会组织信用分类监管，完善信用公示、警示制度，健全违法违规企业重点监控制度；有利于健全守信激励和失信惩戒制度，完善将政策优惠、资金扶持等与市场主体信用状况结合的制度；有利于建立信用修复制度，允许信用记录出现瑕疵的组织和公民，在相关行业协会和信用中介组织的帮助下主动纠正失信行为，恢复其相应的信用等级等。

再次，共享信用有利于完善社会诚信宣教制度体系。法治与德治相结合，是社会诚信建设的重要原则。法治有制度体系，德治同样要有制度体系。社会诚信宣教制度体系就是德治的主要体现，大体上包含以下具体制度：一是宣誓制度。作为人类文明的产物，宣誓制度有其独特魅力，共享信用通过信用信息的共享，一方面可以强化宣誓者的诚信意识，另一方面便于公众依据誓词监督宣誓者。二是宣示制度，如倡议制和公开承诺制，共享信用可以实现社会诚信宣示的社会广泛性。三是诚信宣传制度，主要是充分发挥广播、电影、电视、互联网等媒介的作用，普及诚信知识，共享信用有利于弘扬诚信文化，褒扬诚信典型，公布涉诈信息，开展防诈宣传，鞭挞失信行为，营造诚信氛围。四是诚信教育制度，共享信用有利于面向全社会开展诚信教育活动，在各级各类学校开设诚信教育课，在窗口行业进行专业信用教育，有利于加强公务员诚信教育，以提高全社会的诚信意识，增强诚信自觉性。五是诚信文化建设制度，共享信用可以弘扬中华民族优秀的诚信文化，深入普及现代市场经济的信用文化，有利于培育诚信文化，建立完善信用专家和人才信息库，深入开展诚信理论和实践研究，助力社会诚信建设。

第五节 司法公信

一、司法公信力的内涵

司法公信力是公信力在司法领域内的体现，早在 2000 年，单飞跃就开始探讨司法腐败对司法公信力的影响，引发了我国学术界对于司法公信力的关注。2002 年黄娟对司法公信力进行了界定，认为"司法公信力是一定社会的司法机构通过其职权活动使国家司法在整个社会生活当中建立起来的一种公共信用"[①]。

此后，学界从不同角度研究司法公信力问题，对于司法公信力的理解有三种具有代表性的观点。一是能力说，该观点主张"司法公信力表现为司法权所具有的赢得社会公众信任和信赖的能力，这种能力直接取决于司法在拘束力、判断力、自制力和排除力方面是否能够经得起公众的信任和信赖"[②]。二是信赖说，该观点主张"司法公信力是司法机关

[①][②][③] 谭兰花. 从司法公信力内涵浅谈我国司法公信力建设 [J]. 湖北成人教育学院学报 , 2013, 19(5):99-100.

依法行使司法权的客观表现，是裁判过程和裁判结果得到民众充分信赖、尊重与认同高度反映"③。三是复合说，该观点主张，"司法公信力是司法权力与社会公众互动复合的一种结果"。④

上述能力说肯定了司法的主体地位，却忽略了社会公众对司法权力的认知与评价，及其对司法公信力的促进作用。信赖说虽然揭示出社会公众对司法权力认知的重要性，但忽视了司法机关自身在司法公信力提升中的作用。因此，以关玫为代表提出的复合说更具合理性，司法公信力是一个具有双重维度的概念，从权力运行角度来说是司法权在其自在运行的过程中获得公众信任的资格和能力，从受众心理角度来说是司法行为所产生的声誉和形象在社会组织和民众中所形成的一种心理反映。司法公信力，既是司法与公众之间动态、均衡的信任交往与相互评价，也是社会公众对司法制度和该制度下的法官履行其审判职责的信心与信任程度。

二、司法公信建设中存在的问题

数十年的司法改革取得了不少有目共睹的成绩。但必须承认，在缺少多方体制联动的情况下，已有的改革举措大多

---

④　黄曼秀.论我国司法公信力建设 [J]. 现代情报 ,2003,(01)：15-17.

停留在工作机制层面上，较为敏感的深层次的体制改革尚未完全展开、步履维艰，因而在司法公信力上仍然存在着很多问题。

我国司法公信力上的问题主要体现在以下四方面[①]：一是司法的排除力、约束力不够强。其他公权力对司法权依法独立行使的不法侵害和不当干扰未能得到有效的抑除。二是司法的自律性欠佳，司法腐败依然严重。司法腐败从根本上腐蚀和冲击了社会公平正义的底线，极大损害了司法权威和司法公信力。三是涉诉信访人次居高不下，服判、息诉率不高。涉诉信访是司法公信力的一个风向标，反映了对司法工作的满意程度。四是司法（裁判）的执行力有限。裁判是否需要经过强制执行程序才得以履行是衡量司法公信力的标准之一，"执行难"反映了整个社会对于法律、规则的重视度还不够高。

在建设社会主义法治国家进程中，司法体制改革同经济社会发展呈现出一定的不协调因素，并暴露出司法公信力不足的一些体制性弊病和社会性因素。一是司法权囿于地方化、行政化及功利化，司法体制设置不尽合理。受以块管理为主的体制决定，司法权的运行基础——人、财、物受控于地方党政，地方司法机关受制于地方利益。人大对司法的监督关系界限不够清晰，在实施个案监督时有时表现出一定的

---

① 赵建波. 加强司法公信建设研究 [J]. 中共南昌市委党校学报, 2016, 14(3):46-50.

情绪化、实体性过重的不当倾向。此外，这种行政性还表现在上下级法院之间的实际领导关系、司法机关的内部管理机制以及裁判救济方式等方面，导致司法运行成本高昂，绩效偏低。二是司法陷入职业化困境，尚未形成法律职业共同体。司法公信力不仅得益于政治、经济、文化等社会条件，还需要高素质的法律职业群体来执行法律制度。一直以来，我国司法职业准入不够严苛，选任、晋升机制不够健全，司法身份中三大标志性的自我认知（归属感、荣誉感、责任感）很大程度上未能很好地树立。法官法第十二条第二款规定：人民法院的院长、副院长应当从法官或者其他具备法官条件的人员中择优提出人选。检察官法第十三条第二款之规定与此相同。三是司法公信力先天不足，司法供给不能很好地满足现实需求。传统社会里的很多矛盾、纠纷是通过私人间协商乃至宗族、血缘、习惯得以化解的，而工业化、现代化使传统的人格信任逐步转为制度信任，社会转型、社会治理对司法的依赖空前加重。在当代的陌生人社会中，人们对以制度化为基础的司法运作表现出难以把握和预期的焦虑。因此，在一个即使形式上制度完备的社会，司法者、法律人必须具备应有的法治动机和信仰。

三、共享信用在司法公信建设中的作用

通过对司法公信力内含的解读，建设和提高司法公信力，既要重视司法机关及其活动建设的规律，同时还要充分调动社会公众对司法权力实施过程或结果的认知度。司法制度性、公正性和民主性既是司法公信力建设的三个本质属性，也是我国司法公信力建设的要件，共享信用在司法公信建设中的作用主要从以下三个方面来进行阐述：

（一）共享信用有利于保障司法制度性

法律是一切统治阶级治理国家、维护社会稳定的工具，也是现代民主国家权力运行的必要条件和制度。在现代民主社会建设过程中，司法保障是维系社会和谐发展的最重要的一道屏障。健全司法制度的建立及规范运行是维护社会稳定的一项重要条件。

现阶段，对公民各种权利救济功能的制度设计缺失，不仅加剧了对公民权利侵害的随意性，增加了社会矛盾，也导致了司法公信力不高，如当前公众反映较强烈的执行难问题，司法效率低下的问题等等，都背离了社会民众对司法的信任。共享信用，有利于建立司法信息化管理制度，健全信息公开机制。"阳光是最好的反腐剂，也是最好的清新剂。"

司法机关应当主动拓宽公开渠道，创新公开形式，积极建设信息公开平台、网络平台。除涉密、个人隐私及未成年人案件外，把强制措施、起诉、立案、庭审、证据交换、证据采信、事实认定、裁判理由、裁判结果和执行过程等司法流程纳入信息公开范围予以公布，方便公众了解、查询案件的相关信息。

（二）共享信用有利于实现司法公正性

公正是司法公信力的追求目标。公正包含了正义与效率。司法正义的构建既需要政治权力的利益考量，也需要公众的全力参与，同时还需要甚至更加需要普遍性的社会支持。只有司法对正义的执着追求使公众可实现可期待的利益，这样的司法才会与人们内在的价值尺度相吻合，才会实现恒久的公信力[①]。司法一方面要维护正义，求得公理；另一方面要用最经济的方式促成这种正义的达成，这才是司法正义的本质。共享信用，通过各个司法、执法机关的信息共享，可以有效提高执法司法效率，极大地节约执法司法成本。此外，司法职业道德就是司法职业活动中的道德准则，其功能是用以调整那些法律上没有规定、无法规定、不能规定、不宜规定或者不应规定的事项，约束司法人员的行为。共享信用，有利于促进司法职业道德教育，提高司法执法人

---

① 曹志瑜 . 我国司法公信力建设的现状分析与对策建议 [J]. 征信 ,2014,（12）:5-10.

员的司法、执法能力，更能准确地理解和把握法律的意旨、精神，从加强司法执法职业队伍素质建设的角度保障了司法执法的公正性。例如，对于案件当事人因司法人员执法效率低下造成的损失，共享信用可以通过司法人员信息的共享机制建立相应的补救措施，还可以采取经济的、行政的、法律的手段对执法效率低下的司法人员予以处罚，建立追究刑事责任的执法司法效率责任追究机制。司法公信力的实现依赖于实现正义、提高执法司法效率，共享信用有力地保障了司法公信力公正性的实现。

（三）共享信用有利于充分贯彻司法民主性

司法的民主性源于司法在惩罚犯罪、保障人权上权威的树立，源于司法价值与公众追求目标的共同实现。一位法官的点头对人们带来的得失，要比国会或议会的任何一般性法案带来的得失更大。司法公信力实现最关键的问题是要使司法活动成为公众的内心期许。正如日本学者川岛武宜指出的那样："司法秩序没有主体者积极自觉地遵守法、维护法的话，法秩序是得不到维持的。如果没有守法精神，而仅靠权力，是不能得以维持的"。[①] 只有司法在社会中得到普遍的遵从，群众的法律意识才会根深蒂固，司法公信力才会因此得以实现。程序公开是现代司法的基本原则之一，是司法公正

---

① 曹志瑜.我国司法公信力建设的现状分析与对策建议 [J]. 征信,2014,（12）:5-10.

的内在要求。共享信用，通过这种信用信息共享机制加强司法公开力度，使当事人及其他公众及时知悉诉讼进程，将司法活动置于媒体和社会的监督下，同时还有力地提高了社会公众对司法执法机关的监督力度和效率，增强司法人员的责任心和司法公信力，成为提升司法公信力的直接渠道，有力地贯彻了司法程序中的民主性原则。

第四章

共享信用与社会信用体系建设

第一节　中国社会信用体系建设

一、中国社会信用体系建设进程

随着我国市场经济体制改革的推进，中国的社会信用体系建设也不断发展，从最初的对信用问题的重视到系统地、全面地、多层次地建设信用体系一共经历了七个阶段。

（一）信用焦渴期

1991 年至 2001 年，我国在对社会信用建设滞后的反思中，明确诚信在经济、政治和社会生活中的重要性，进入信用焦渴期。

在我国改革开放不断深入发展的过程中，诚信问题成为一个备受社会关注的普遍性问题。这是因为，市场经济在一定意义上而言就是信用经济，其运行的"润滑剂"就在于信用关系的正常化。在我国社会主义市场经济建立之初，信用与诚信意识作为经济的、政治的、文化的准则，虽然逐步被提到社会生活的层面，但在实际经济活动中的发展是滞后的。当市场经济的潮流扑面而来时，这个看似不大的问题一直影响着政府、企业的运转以及个人的生活。失信行为被深恶痛绝但又无处不在，冲击着社会发展和社会道德的底线，以至于在全国"两会"上，有关信用类的提案在数量上超过了其他类别的提案，"三角债"拖垮企业、"总理为民工讨薪"、集资卷款潜逃等案件已不是新闻。面向 21 世纪的新时代，中国人对未来信心满满，但在社会信用上心存疑虑。恢复信用的严肃性，重建社会信用和社会良知，是人们对之前社会信用建设滞后的反思，不仅促使社会信用建设走上社会的"前台"，而且使我国信用关系进入一个艰难的重建过程之中。所以，社会信用建设正是客观形势使然。

（二）信用建设起步期

2001 年至 2006 年，从金融部门开始，信用建设已经起步，并在若干方面取得初步成效，对信用建设的期望值有所增加。

对信用问题最为敏感的金融部门最早在信用建设上开始了"建设性"探索。银行系统从处理的众多关于信用的问题中明白，信用是一个关系金融生命的大事情，对与信用有关的问题不得不采取果断的应急措施。金融部门当时的想法和做法只是为了提供一种"警示名单"，以便分辨失信与诚信的大致范围，但随着工作的进一步展开，关于信用建设的构想不胫而走，变成了金融行业的希望。当然，失信"黑名单"的出台的确起到了一定的震慑作用，因而其功能在随后的信用建设中被大大地扩张开来。这样一来，到 2006 年，中国人民银行建立起全国企业和个人信用信息基础数据库，即企业和个人征信系统。当然它还不是十分完整的数据系统，包含的资料也十分有限，但这一系统开创了由部门（政府）主导、全国联网、统一管理、数据集中的信用系统的先例。这一系统的数据库信息不仅包括信贷信息，而且包括部分企业和个人的欠税、欠薪、欠缴社保和住房公积金费用、欠缴电信费用等非金融领域的负债信息，以及行政处罚和法院民事案件判决等信息。与公安部的人口数据库和组织机构代码管理中心数据库联网，从而实现个人身份信息和企业组织机构代码信息的在线核查，是比较有效的。当年，这一系统就分别为 1600 多万企业和 6.5 亿自然人建立了信用档案，实现了商业银行之间关于借款人的信用信息的共享。这一系统也依法为司法和行政执法部门等提供查询服务。在这一系统研发成功的 2006 年，企业或个人信用报告日均查询量就高达 70 万次以上，这一系统发挥了重要征信作用，甚至改变了商业银行的经营理念、管理方式和业务流程，为防范信用风险、提高信贷市场效率、推动解决中小企业融资难问题和促进金融业健康发展增加了一大"利器"。

（三）信用建设盛期

2006 年至 2008 年，行业信用建设逐步推进，一批率先投入信用建设的部门体会到其益处，进入行业信用建设的盛期。

中国人民银行等金融部门在信用建设上的实践和创新（企业和个人在产品质量、环保、社保、外汇等领域的行政处罚等信息被纳入征信系统，倒逼其他部门在信用建设上的自觉意识的增强），对其他部门和行业加强信用建设具有一定的示范作用，因而在不长的时间里就增强了各行业、各部门加快信用信息建设的积极性。例如，国家工商总局、海关总署、国家质检总局等部门，分别依托"金信""金关""金质"工程，加大本部门信用信息系统的建设力度，推动纳税诚信、产品质量诚信、合同履约诚信、社保医保诚信等的发展。证券业、保险业、快递业等行业也开始重视征信并积极进行信用信息系统建设。特别需要提到的是，在这一时期，"征信"一词开始出现在公众视野之中，征信业作为一种新业态进入社会层面。与此同时，一些地方政府也从本地实际情况出发，在社会信用建设上进行了一定的探索，力图建立和发扬地方信用，推动当地信用建设。此前，一些地方成立了社会信用建设领导小组或建立起联席会议制度，明确了牵头部门，落实了工作职责，并推出了关于信用制度的若干规范。一些地方更是制定了本地区社会信用建设实施方案，出台了关于信用信息公开、归集和使用的章程。截至2007年年底，全国15个省（区、市）出台了18部与信用信息相关的地方法规和章程。这说明，社会信用问题已经处于治理之中，而不再是"一匹肆虐的野马"。

（四）信用建设体系化推动期

2008 年至 2010 年，社会信用建设从个别部门和地方扩展到全社会，形成了全社会对信用的关注，进入完整的社会信用体系建设阶段。

随着人们对社会信用建设的重视，政府也在顶层设计层面研究社会信用建设问题。2007 年，国务院办公厅下发了《关于社会信用体系建设的若干意见》（以下简称《意见》），从制定规划、完善法规、促进信息集中共享、建设金融业统一征信平台等方面，明确了当前社会信用体系建设的工作重点和分工，建立了部际联席会议工作机制，指导和推动社会信用体系建设。按照《意见》的相关要求，各地方、各部门都要把信用建设作为推动行业和地方发展的重要工作来抓，加强信用宣传教育，完善法规、制度、标准，加强信息共享和信息公开，加强政务协同、行业协同，推动建立"守信受益、失信惩戒"的信用建设联动机制。这使得分散的信用建设进入相对集中的初步互联的信用体系建设阶段。多部门联合参与、促进信息共享、统一的信息平台是这一时期社会信用建设中的"主流"。这就是说，原来分散的信用建设开始走向"体系化"的信用建设，特别是人力资源和社会保障部门、民政部门、交通运输与信息管理部门在社会信用建设上的参与，使社会信用体系建设成为一种强有力的国家行为，从而使社会信用建设向"体系化"迈进了一大步。

（五）诚信价值观形成期

2011 年至 2012 年，把诚信列入社会主义核心价值观，在认识上进一步提升社会信用体系建设的迫切性，诚信成为一种社会美誉。

由于信用在社会生活中的意义持续深化，并在信用环境、信用评级和信用记录等实际工作中被摆到十分重要的位置，成为衡量一个地区、企业或个人基本信息的主要依据，一部分地方政府开始将社会信用体系建设提高到优化投资环境和促进本地区经济社会发展的高度来认识和评价，不少企业也将信用内化为企业文化，从而形成一种企业精神。越来越多的公民也把诚信作为修身美德，十分关心个人的信用记录。这种良好的社会氛围逐渐演变成一种社会的整体意识，进而上升成为一种价值观，并在党的十八大报告提出的社会主义核心价值观中得到反映。诚信被列入"24 字"核心价值观之内，这不仅表明诚信被民众拥护和理解，而且标志着我国在诚信问题上的认识达到了一个新高度。诚信理念的广泛传播，增添了社会前进的正能量，诚信企业、"诚信兄弟"、诚信干部等在广大人民群众中的影响力超过千百次的说教，改变了企业和个人的行为。诚实守信的社会风气日益形成并得到巩固，社会信用体系建设对形成社会诚信风气的作用初步显现。信用建设开始由"惩戒性"向"奖掖性"延伸，这表明整个社会对诚信作为价值观、道德观的认同。当然，思想教育只是社会信用体系建设的一部分，关于社会信用体系的制度、章程、规范以及建设这一体系的相应措施都需要进一步完善。这就是我们今天已经明确了的关于社会信用体系建设的整体规划，也是关于社会信用体系研究的成果。

（六）社会信用体系建设实际操作阶段

2012 年至 2014 年，社会信用体系建设进入国家层面，变成一种战略与政治行为，进入政府与社会、公民相结合的实际操作阶段。

2014 年，国务院印发《社会信用体系建设规划纲要（2014—2020 年）》，强调"加快社会信用体系建设是全面落实科学发展观、构建社会主义和谐社会的重要基础，是完善社会主义市场经济体制、加强和创新社会治理的重要手段，对增强社会成员诚信意识，营造优良信用环境，提升国家整体竞争力，促进社会发展和文明进步具有重要意义"，要求根据党的十八届三中全会提出的"建立健全社会征信体系，褒扬诚信，惩戒失信"以及《中华人民共和国国民经济和社会发展第十二个五年规划纲要》提出的加快社会信用体系建设的总体要求等，在规划期（2014 年至 2020 年）内基本建成我国社会信用体系。随后，经社会信用体系建设部际联席会议同意，在部级层面上就《社会信用体系建设规划纲要（2014—2020 年）》的实施进行了任务分工，以加快推进这项重大工程的建设。这份纲要的发布，表明当代中国在社会信用体系建设问题上的认识与实践进入一个全新的阶段。自党的十八大以来，全社会对诚信问题给予极大重视，诚信在培育和践行社会主义核心价值观中被视为政府、社会、公民在实践中的基本价值遵循之一。但是，在社会生活中长期坚守的核心价值观不能停留在口头上、书本上。要通过切实的、具体的实践在细节上和实质上取得成效，就必须把社会主义核心价值观的培育与一定的社会规范结合起来。《社会信用体系建设规划纲要（2014—2020年）》的发布，在经济、政治、思想道德与社会建设上具有划时代的建树和突破，成为引导社会信用意识发展的重要文件，其指示性和导向性作用是十分明显。《社会信用体系建设规划纲要（2014—2020年）》也是一份内容丰富、涉及面广泛的工作性文件，它把我国社会信用体系建设在当前和今后一段时间内的任务悉数概括进来，力图在我国全方位的社会生活中实现信用关系的规范与有效调整，涉及政务、商务、社会、司法公信等40余个信用领域里的信用问题，勾画出全方位的诚信图景，完全符合当前我国社会信用体系建设的实际和人民群众的心愿，与亿万人民群众的生活紧紧联系在一起。《社会信用体系建设规划纲要（2014—2020年）》在加快全国信用信息系统的建设和应用、完善以奖惩制度为重点的社会信用体系运行机制上，形成了完整的思路和措施。作为一项关系国计民生的重大工程，其实施进程自然成为上下一致关注的热门话题，牵动整个中国的改革和发展。至此，可以说我国社会信用体系建设已经进入超越以往任何时期的新阶段，而我们的脚步并没有停止。

（七）信用体系黄金发展期

2015 年以来，社会信用体系建设（特别是其中与惠民有关的中介服务的发展）成为未来经济社会进步的新兴工程，征信事业和征信产业进入黄金发展期。

2016 年 4 月 1 日，国家工商总局《严重违法失信企业名单管理暂行办法》正式施行，这是国务院部委第一部关于"黑名单"管理的规章[①]。根据该办法，企业若存在被列入"经营异常名录"届满 3 年仍未履行相关义务、提交虚假材料、组织策划传销、不正当竞争、严重侵害消费者权益等 10 种情形，将被列入"严重违法失信企业名单"。"黑名单"上的企业将受到政府部门和司法部门的联合惩戒：其负责人 3 年内不得担任其他企业法定代表人、负责人；已经担任其他企业的法定代表人、负责人的，企业应当办理法定代表人、负责人变更登记；未办理变更登记的，工商部门将依法予以查处。同时，有关部门将对其实施重点监督管理。这项新的企业"黑名单"制度，被认为是对企业信用监管体系的重要补充。

社会信用体系建设不仅仅是简单的社会上层建筑建设，

----

① 《企业信用"黑名单"来了》，工人日报 2016 年 4 月 6 日

也是现代经济发展中第三产业发展的体现。随着我国社会信用体系建设驶向"快车道"，这一新的理解不断得到证实。国家发展和改革委员会于 2015 年下发关于实施新兴产业重大工程包的通知，在这份通知中，社会信用体系建设和与其相关联的征信服务作为一大新兴产业被提了出来。这份通知明确了在 2015 年至 2017 年间，将重点开展信息消费、新型健康技术惠民、海洋工程装备、高技术服务业培育发展、高性能集成电路及产业创新能力等六大工程建设。其中，信息消费工程包括 2015 年城乡养老和社区信息服务试点应用，2016 年跨省医保即时结算试点应用、医疗健康信息共享试点应用，2017 年优质教育资源共享试点应用、就业服务信息共享试点应用。这些都与民生问题直接相关，与社会保障和社会信用体系建设息息相关。由此可见，在全面建成小康社会的过程中，人力资源和社会保障部门进行的信用体系建设，不仅是未雨绸缪的基本工程和重点工程，而且是在市场经济进一步完善和发展的过程中形成的一项新兴产业。我们要有这种新的认识和做好准备。作为新兴产业，社会信用体系建设与征信服务将在经济领域中进一步延伸，并在社会发展中全面展现其巨大魅力。发展征信市场，推动信用信息公开和共享，以市场化的手段建立"守信受益、失信惩戒"机制，是社会信用体系建设的实体部分。目前，我国从事信用登记、信用调查和信用评级的征信机构有近 200 家，除中国人民银行征信中心为政府主导外，其余均为市场化机构。一批评级机构已经具备进行企业主体信用评级和企业债、金融债、结构融资债等长短期债券信用评级的能力，并在国内具有一定的公信力。从历史上看，我国征信事业虽然起步较晚，但成长迅速，如中国人民银行征信中心在短短3年时间内，就发展成为世界上覆盖人口数量最多的信用登记类机构，这说明征信事业在市场经济条件下方兴未艾的趋势。征信业在我国国内的发展积累了十分丰富的经验，其中少数知名公司走出国门，在新形势下做大做强，成为在国外赢得客户和口碑的品牌公司。担当着推动建立社会信用体系这一职责的征信业逐步健康发展。保护企业和个人信用信息这一合法权益，提供规范有益的信用中介服务，不仅有力地推动了社会信用的发展，而且使征信业成为一种具有无限潜力的新业态，使征信业的成长历程成为我国社会信用体系建设的体现。这就是说，社会信用体系建设不仅是观念与制度层面的事情，它还会在经济基础层面引起巨大冲击，从而把"软实力"变成一种推动新兴产业发展的"硬实力"。

综上所述，在我国改革开放和现代化建设的进程中，社会信用体系建设进入快速发展和稳步上升的新阶段。当然，社会信用体系建设作为全党和全国的一件具有全局性的大事，无论是在促进社会主义市场经济走向成熟和完善上，还是在社会思想与道德领域、政治与文化领域内，都是一项重要的战略任务。因此，必须进一步提高对社会信用体系建设意义的认识，在实践中将其摆到正确的位置上。应当明确的是，我国社会信用体系建设所解决的不仅是经济问题，还是社会问题、政治问题、文化与道德问题；不仅关系到我国未来经济社会的进一步发展和社会主义市场经济的进一步完善，而且关系到我国社会精神面貌的整体提升以及反腐倡廉大计的实施。因此，要使社会信用体系建设在推进社会主义核心价值观教育的大环境、大原则下进行。这一方面有利于从战略高度深刻认识我国信用体系建设的重要性和紧迫性，加大对这项工作的支持力度；另一方面有利于进一步加大在社会信用体系建设上的资金和物质投入，解决实施过程中的困难和问题，保证我国社会信用体系建设的顺利进行。

二、《社会信用体系建设规划纲要（2014—2020 年）》解读①

根据党的十八大提出的"加强政务诚信、商务诚信、社会诚信和司法公信建设"，党的十八届三中全会提出的"建立健全社会征信体系，褒扬诚信，惩戒失信"，《中共中央国务院关于加强和创新社会管理的意见》提出的"建立健全社会诚信制度"，以及《中华人民共和国国民经济和社会发展第十二个五年规划纲要》（以下简称"十二五"规划纲要）提出的"加快社会信用体系建设"的总体要求，制定本规划

---

① 《社会信用体系建设规划纲要2014——2020》

纲要。规划期为2014-2020年。本节将针对我国社会信用体系建设现状、形势和要求、以及规划纲要的指导思想和目标原则进行解读。

（一）发展现状

党中央、国务院高度重视社会信用体系建设。有关地区、部门和单位探索推进，社会信用体系建设取得积极进展。国务院建立社会信用体系建设部际联席会议制度统筹推进信用体系建设，公布实施《征信业管理条例》，一批信用体系建设的规章和标准相继出台。全国集中统一的金融信用信息基础数据库建成，小微企业和农村信用体系建设积极推进；各部门推动信用信息公开，开展行业信用评价，实施信用分类监管；各行业积极开展诚信宣传教育和诚信自律活动；各地区探索建立综合性信用信息共享平台，促进本地区各部门、各单位的信用信息整合应用；社会对信用服务产品的需求日益上升，信用服务市场规模不断扩大。

（二）形势和要求

我国正处于深化经济体制改革和完善社会主义市场经济体制的攻坚期。现代市场经济是信用经济，建立健全社会信用体系，是整顿和规范市场经济秩序、改善市场信用环境、降低交易成本、防范经济风险的重要举措，是减少政府对经济的行政干预、完善社会主义市场经济体制的迫切要求。我国正处于加快转变发展方式、实现科学发展的战略机遇期。加快推进社会信用体系建设，是促进资源优化配置、扩大内需、促进产业结构优化升级的重要前提，是完善科学发展机制的迫切要求。我国正处于经济社会转型的关键期。利益主体更加多元化，各种社会矛盾凸显，社会组织形式及管理方式也在发生深刻变化。全面推进社会信用体系建设，是增强社会诚信、促进社会互信、减少社会矛盾的有效手段，是加强和创新社会治理、构建社会主义和谐社会的迫切要求。

（三）指导思想和目标原则

全面推动社会信用体系建设，必须坚持以邓小平理论、"三个代表"重要思想、科学发展观、新时代中国特色社会主义思想为指导，按照党的十八大、十九大，以及十八届三中全会和"十二五"规划纲要精神，以健全信用法律法规和标准体系、形成覆盖全社会的征信系统为基础，以推进政务诚信、商务诚信、社会诚信和司法公信建设为主要内容，以推进诚信文化建设、建立守信激励和失信惩戒机制为重点，以推进行业信用建设、地方信用建设和信用服务市场发展为支撑，以提高全社会诚信意识和信用水平、改善经济社会运行环境为目的，以人为本，在全社会广泛形成守信光荣、失信可耻的浓厚氛围，使诚实守信成为全民的自觉行为规范。社会信用体系建设的主要目标是：到2020年，社会信用基础性法律法规和标准体系基本建立，以信用信息资源共享为基础的覆盖全社会的征信系统基本建成，信用监管体制基本健全，信用服务市场体系比较完善，守信激励和失信惩戒机制全面发挥作用。政务诚信、商务诚信、社会诚信和司法公信建设取得明显进展，市场和社会满意度大幅提高。全社会诚信意识普遍增强，经济社会发展信用环境明显改善，经济社会秩序显著好转。社会信用体系建设的主要原则是：政府推动，社会共建。充分发挥政府的组织、引导、推动和示范作用。政府负责制定实施发展规划，健全法规和标准，培育和监管信用服务市场。注重发挥市场机制作用；协调并优化资源配置，鼓励和调动社会力量，广泛参与，共同推进，形成社会信用体系建设合力。健全法制，规范发展。逐步建立健全信用法律法规体系和信用标准体系，加强信用信息管理，规范信用服务体系发展，维护信用信息安全和信息主体权益。统筹规划，分步实施。针对社会信用体系建设的长期性、系统性和复杂性，强化顶层设计，立足当前，着眼长远，统筹全局，系统规划，有计划、分步骤地组织实施。重点突破，强化应用。选择重点领域和典型地区开展信用建设示范。积极推广信用产品的社会化应用，促进信用信息互联互通、协同共享，健全社会信用奖惩联动机制，营造诚实、自律、守信、互信的社会信用环境。

第二节　完善社会信用共享的管理体制

信用共享以市场、政府及社会大众为主体，以商务诚信、社会诚信、政务诚信、司法公信为内容。本节中，笔者将分层次对其应用模式及管理框架提出制度、政策等方面建议：（1）建立信用信息公示制度；（2）建立企业和个人征信制度；（3）建立信用信息共享交换平台；（4）建立对失信信息的异议机制；（5）建立社会监督、行业自律、政府监管并重信用监督体系；（6）重视信用专业教育发展。

一、建立信用信息公示制度

目前，在企业信用信息公示领域，我国已经形成了统一信用体系与专项信用体系并存、相互促进的格局。以工商行政管理部门为中心的企业统一信用体系初步形成。除工商行政管理部门的企业信用体系外，其他部门搭建的专项信用体系建设经过多年的实践，也取得了重大进展。除全国企业信用信息公示系统外，当前知名度最高的仍然是人民银行的征信平台，其次是最高人民法院的失信被执行人信息平台。地方政府部门也在中央部门的信用信息平台基础上，根据地方情况搭建了各具特色的企业信用信息平台。地方的这些企业信用信息平台，极大地扩展了企业信用信息的覆盖面，从不同角度强化了公示信息的实用性和专业度，形成了相互补充、相互促进的效果。然而，目前我国的信用信息公示平台依然存在以下问题：（1）公示内容不全面和错位；（2）信用约束措施欠缺层次性；（3）民事救济制度缺位。如何加以解决呢？

一是加强顶层设计。完善企业信用立法，将企业信用信息纳入法治化、规范化的轨道；对企业信用信息进行法律界定，明确公开与不公开的边界；完善企业信息公示的部际协调和统筹机制，对各部门企业信用信息公示的职责进行更加清晰的界定；进行更加精细化的管理，就企业信用信息发布的时限、信息内容、信息共享机制、共享程序、问责机制等做出明确规定。

二是继续加强各专项信用平台建设。各专项企业信用建设平台应在各自的领域内，继续强化对企业在本领域的市场准入、事中事后监管、市场退出等信息公示，从而为实现企业信用信息的公示和社会利用奠定信息资源基础。

三是各专项信用平台的企业信用信息应当与工商部门的信息平台实现有效对接和共享。鉴于工商登记的信息具有基础数据和源头数据的功能，是社会对企业进行信息查询和利用的最基本、最主要的渠道，因此，在企业信用信息体系建设过程中，其他部门在行政许可、监督检查、行政处罚等过程中所形成的基础信息应接入工商行政管理部门的"企业信用信息公示系统"之中，促进专项企业信用平台与统一的企业信用信息平台进行有效对接和协调，从而建立一个跨地区跨行业的网络化的企业信用信息数据库。

四是平衡好两对关系。首先平衡好政府与市场之间的关系。《征信管理条例》所规定的企业信用信息公示，仅仅是基础信息的公示。市场主体如果对企业信用信息有更进一步的需求，仍然应当通过市场化运行的信用评级机构去获取。因此，在企业信用信息公示制度的运行过程中，要切实处理好政府与市场之间的关系，避免政府过度干预，甚至取代市场的问题。其次是平衡好部门之间的关系。进一步探索相对统一的信息报送标准和路径，从而有效减少企业多头重复报送信息的问题，切实减轻企业负担。

二、建立企业和个人征信制度

短期内我国企业和个人征信市场将采取公立公营发展模式。长期内我国企业征信将逐步迈向市场化发展模式。《征信管理条例》对企业征信机构监管较为宽松，但由于无法获得可靠数据来源，现实中我国市场化企业征信机构发展仍然面临巨大障碍，短期内企业征信机构仍然无法为社会提供高质量的征信服务，必须依赖公营机构为市场提供征信服务。个人征信由于法律制度建设滞后，社会信用文化尚未形成，数据更难以获得，且征信监管机构对其监管更严，因此短期内我国个人征信模式也以公营为主。长期内我国企业征信将逐步迈向市场化发展模式。从国际征信行业发展趋势来看，企业信用信息应逐步向社会公开，随着我国社会信用文化发展，市场化征信机构逐步成长，提供的征信产品种类和服务数量不断增长，有望成为企业征信的主要服务者。由于涉及到隐私等敏感信息，私营征信机构介入个人征信服务市场无论是监管标准还是所有权构成都将受到严格约束，因此其发展成长历程将更长。基于征信对解决我国中小企业融资难的重要作用，我国应从以下四个方面着手进一步推动征信行业发展壮大：（1）大力培植公司制的民营征信公司，形成有效的征信市场竞争格局；（2）引入境外商业征信机构，实现互利共赢；（3）扩大征信服务范围；（4）公用征信。建立企业和个人征信制度，需要从立法、信息收集和消费者保护等方面进行。

（一）立法

国外较为成熟的征信体系，都有着一套较为完善的法律法规体系。尤其是公立征信机构，由于其操作严格遵守国家法律法规规定，因此国家法律法规和征信体系的完善，将直接影响该国征信行业的发展。立法是征信体系建设中十分关键的环节。林毅夫指出，信用体系建设是一项复杂的社会工程，必须以道德为支撑、产权为基础、法律为保障，需要处理好企业的商业秘密和个人的隐私权问题。因此，现代信用体系必须有法律做基础，以保证信用信息的有效披露和权威性。中国正处于经济体制转轨时期，征信体系的法律制订还在不断地完善修改过程中。2005 年 8 月 18 日，中国人民银行公布《中国人民银行个人信用信息基础数据库管理暂行办法》（以下简称《办法》）。该《办法》共七章四十五条，主要内容包括四个方面：一是明确个人信用数据库是中国人民银行组织商业银行建立的全国统一的个人信用信息共享平台，其目的是防范和降低商业银行信用风险，维护金融稳定，促进个人消费信贷业务的发展；二是规定了个人信用信息保密原则，规定商业银行、征信服务中心应当建立严格的内控制度和操作规程，保障个人信用信息的安全；三是规定了个人信用数据库采集个人信用信息的范围和方式、数据库的使用用途、个人获取本人信用报告的途径和异议处理方式；四是规定了个人信用信息的客观性原则，即个人信用。数据库采集的信息是个人信用交易的原始记录，商业银行和征信服务中心不得增加任何主观判断等。此外，《中华人民共和国商业银行法》、《国家保密法》、《储蓄管理条例》等法律法规也对公民信息和隐私保护等操作处理情况做出相应规定。李俊丽指出，目前中国现行的《办法》还存在着一些问题，该《办法》规范的范围是个人信用信息数据库，而不是个人征信行业，所以还缺少对于独立的第三方个人征信机构的准入标准、个人征信从业人员任职资格的规定；此外，该《办法》规范的征信业务活动仅限于商业银行对个人信用信息的报送、整理、查询和管理等活动。根据国外经验，个人信用信息的来源和使用不仅仅局限于商业银行，完善的个人征信系统应该覆盖更加广泛的信用信息使用机构。

（二）信息收集

从征信市场的宏观大环境看，中国的个人信用信息数据库的信息收集还存在着数据收集困难、准确性很难保证等问题，有待进一步完善。中国个人征信工作相比西方国家起步较晚，人口较多，覆盖面广，实施起来是一项复杂而细致的工作。目前，中国尚未建立起完善的财产申报制度，个人财产状况申报还需要不断地改进和透明。准确的个人财务、信用状况等数据源是个人信用信息数据库的基础。此外，中国个人信用信息基础数据库由中国人民银行征信管理局监控管理，受政府监督，不以盈利为目的。从国际经验可以看出，此模式下的个人征信系统对于数据的收集往往市场适应性不够强，中国在这方面应该引起重视。充分了解征信市场的信息使用客户对于个人征信信息的需求，不断完善、改进数据库种类和运营模式，让其更适应市场的需求。

（三）消费者保护

个人征信体系的建立过程中，在收集可靠完善的信息数据库和保护消费者隐私权两者之间如何寻找到一个合理的平衡点一直是个难题。从国际经验可以看出，欧洲国家一直十分重视对个人隐私权的保护，收集和获取个人信用信息都需要遵守十分严格的法律法规，这给个人征信的数据收集工作带来一定的不便。而美国则遵循市场化原则，在尽可能完善收集消费者信用信息的目的指导下，很难完善地兼顾到对消费者隐私权的妥善保护。中国征信系统一定程度上享有获取和使用个人信用信息的特殊权利，有必要进一步制定专门的个人信息隐私权保护法律，进一步在合理获取个人信用信息资料的同时，加强对消费者隐私权的保护。张军扩（2005）指出，法律需要在以下三个方面做出界定：一是什么信息属于个人隐私，应当予以保护，什么信息属于正常的信用信息，应当公开并允许征信机构搜集；二是如何保证信息的使用目的是正当的，即不能被滥用；三是如何保证信用信息的准确性、完整性和及时地更新。中国征信系统相比西方国家起步稍晚，在很多方面可以学习借鉴西方先进经验，吸取公立征信机构和私立征信机构的优点，不断完善、改进中国征信系统，在维持金融系统稳定性的同时促进中国金融市场的发展。

三、建立信用信息共享交换平台

　　信用共享，需要消除信息孤岛，信用信息公示制度建设的同时，更需要共享交换平台实现信用信息互联互通、资源共享。过去各部门数据建设各自为政，互不相连是造成信息孤岛形成的历史原因。信息孤岛有数据重复录入和系统间数据缺乏一致性等表现形式。打破信息孤岛，需要一个整体系统的制度设计，从而推进信用信息互联互通，解决信息不对称、破除信用信息区域化、条块化，提高市场监管效率，完善社会信用体系。

　　信用信息共享系统具有以下特点：开放性、人工性、复杂性、数据性、多变性。而我国当前信用信息共享系统还很不完善，信息共享范围还很有限，主要问题表现在：（1）社会信用体系建设的组织机构不明确，导致基本信用信息高度分散在多个部门无法共享；（2）规范信用信息处理和使用的法律缺失，造成信用信息整合与共享无法可依；（3）征信业缺乏行业信息技术标准，使得信用信息共享成本高。

　　建立信用信息共享系统，需要健全的征信数据库、完善的法律体系、有效的行业规范、发达的信用管理教育和充足的人力资源。培养政府人员开放数据的思维和意识也非常重要。我国一些部门和机构拥有大量数据，如果他们将数据看作"私人财产"，不愿意共享于其他部门，会导致数据欠缺，造成行政效率低下。将出现不同部门系统间信息不能共享的系统信息孤岛。本意为解决信息孤岛而建立的网站，结果却导致新的信息孤岛出现。建立以用户需求为导向的政府信息资源共享机制，可以极大地方便公众查找政府信息。以美国政府的实践经验为例，政府通过建立"数据群"，利用"数据群"将各个部门的数据全面覆盖在各种主题之中，方便公众快捷有效地找到自己所需的数据。此外，政府还应当开发针对不同用户的数据格式与工具，注重满足初级用户的需求。在提高数据的实用性的同时，为公众使用和分析数据提供便利快捷的服务。

四、建立对失信信息的异议机制

为规范异议处理工作，中国人民银行相继出台《个人信用信息基础数据库管理暂行办法》《个人信用信息基础数据库异议处理规程》等规章，加强对信息主体合法权益的保护。个人征信异议处理还存在以下问题：（1）缺乏科学的善意提示和告知制度。目前，我国社会公众还没有形成主动关注个人信用信息的习惯。实际工作中，九成以上异议申请人都是因开展某种经济活动需要才查询个人信用报告，在办理业务被拒绝时才发现个人信用报告中存在着与事实不符的各种问题。由于极少有数据提供机构或征信机构在事前或信息发生时告知信息主体，信息主体不能及时发现问题、解决问题，导致异议和投诉事件增多，并或多或少对信息主体的经济活动带来不便甚至经济损失。（2）涉及第三方的异议信息处理难度大。对第三方原因造成的异议信息，如客户的住房贷款、汽车消费贷款约定由房地产开发商、汽车经销商等第三方代理还款，而第三方违约或者因房屋、车辆等所购商品质量低劣、延期交房交货等原因导致贷款未能按时归还等，由于商业银行、人民银行无法进行核实，需要公安、司法部门介入调查，导致客户从异议提出到解决需要相当长时间。（3）缺乏强有力的法律支撑，异议处理监管相对乏力。未进一步明确个人征信异议处理的受理范围、处理时间、处理流程等相关要素。中国人民银行征信管理部门开展检查时很难界定商业银行是否存在违规行为以及对存在的违规情况如何处理。根据以上问题，我们提出以下建议：

（一）建立个人征信善意告知和提示制度，给予信用信息主体充分的知情权

建立善意告知和提示制度，让信息主体及时发现问题、解决问题，这不仅维护和保障了信息主体的权益，而且有效降低投诉、诉讼案件发生率。一是建立事前告知制度。在办理个人贷款等业务时，银行应明确告知消费者，一旦建立起信贷关系，其个人还款情况将影响今后融资活动，促使其维

护好自身的信用记录。二是引导金融机构建立逾期记录告知制度。作为信用信息的主要提供者，金融机构应承担起一定的提醒信用风险的社会责任。当信用主体即将或已经存在负面记录时，通过手机短信、电子邮件或信函等方式告知客户，使其明晰自己的即时信用状况，避免发生更严重的违约行为。三是提供信用信息变更告知有偿服务。建议征信中心研究开发一些适应不同需求的信用记录监督告知产品，方便个人随时了解其信用记录的变化。个人只需每年支付少量费用，当信用记录发生变化时，征信机构将通过手机短信或电子邮件方式及时通知消费者。

（二）完善相关配套法律法规

加强个人征信异议处理机制建设制定科学、有效的异议处理形式和机制，用法律、法规形式提高异议处理流程的法定效力，保证信息主体行使异议修改权。

五、建立社会监督、行业自律、政府监管并重信用监督体系[①]

发达国家的社会信用体系建设通常是服务体系建设在先。其服务体系是顺应发达国家当时市场经济发展的需要，

---

① 林钧跃．社会信用制度中的信用监督和失信惩戒 [J]. 前线，2004(3):58-59.

经过 10 多年的建设，"水到渠成"式地被建立起来的。针对我国的国情，必须摸索出一条具有中国特色的建设道路，坚持"政府推动，市场化运作，全社会广泛参与"的原则，加速我国的社会信用体系建设。在我国，政府对社会信用体系建设工作的推动力是非常大的，多个相关政府监督管理部门已经在考虑建立供监管工作使用的企业和个人信用记录和评价体系，有可能在社会信用体系的服务体系形成之前，先行建设政府的信用监管机制。政府部门建立信用监管体系，一方面可以直接对所监管的企业和个人的守信状况进行评价、监督和惩戒，适应市场经济发展的新形势，增加监管手段，提高监管工作的水平，还可能降低监管工作的成本，实现政府对诚实守信的监管对象的政策倾斜。另一方面，政府的信用监管体系还要规范信用管理行业的业务行为，保护企业的商业秘密和个人隐私不被侵犯，保证金融授信机构和征信机构的市场公平竞争。同时，政府的信用监管体系还要整合政府掌握的信用信息，并对征信机构进行开放，逐渐使信用信息商业化。

行业的自律是通过商会、行业协会等行业组织来实现的。行业组织在企业信用监管中自律作用的途径如何呢？市场主体判断企业信用水平的目的在于，确保对方在自己债权到期后有偿付能力并且实际履行偿还义务。我们不妨看看市场评价企业信用需要哪些信息。第一，企业人格的基础信息，诸如何时成立、是否登记、是否获得该行业特定许可证、是否完成纳税登记、属于何种纳税人、注册资本是多少。第二，企业所处的行业。朝阳产业企业发展前景要比夕阳产业企业要好，信用评价也相对较正面。第三，分析企业财务报表。财务会计报表，不仅能够反映企业资产的账面价值，也能够反映出企业资产的构成和经营情况。企业资产的构成涉及资产的变现能力，公司的偿债能力并非取决于账面资产，而取决于可以即时变现的账面资产占多大比例。经营情况涉及企业运用资产的实际效果。通过分析财务报表，市场主体能够对该企业偿债能力做出大致判断。第四，该企业主要投资人和主要管理者的基本信息。投资人和管理者的信用在很大程度上能够左右企业信用。第五，企业内部治理情况。管理规范是企业维系信用的主要保障，管理不规范、设置混乱的企业很难说值得信任。第六，企业涉及的诉讼以及处罚情况。通过分析诉讼和处罚情况，在很大程度上可以判断出该企业对外交往行为的合规性。你有信用，意味着我对你的信任；你没有信用，则意味着我将在未来面对你的信用风险。信用评价结果，建立在对交易对方所有信息的收集、整理和综合分析的基础之上。为避免交易对方的信用风险，市场主体要关注对方静态的信息，更要关注动态信息；不仅要考察财务信息，还要关注管理信息；不仅要关注外部交易行为体现出的信用，而且要关注维系信用水平的内部管理长效机制。

舆论监督是社会监督的一种形式。现代社会中，广播、电视、报纸、刊物、网络等大众传播媒介具有其他方式无法比拟的影响力和覆盖面。实践证明，舆论监督，尤其是通过大众传播媒介进行的舆论监督，具有很强的宣传和威慑作用，对于监督企业经营行为、评判企业信用、保护消费者合法权益具有重大意义。在开展企业信用监管工作中，应就舆论监督信息的采纳收集工作制定专门的规定，明确舆论信息收集的范围、方式及周期，明确如何将收集到的舆论信息转化为量化标准来评判企业信用。舆论监督信息收集后，应有专门人员对信息的内容进行核查，确保信息的准确、真实；经筛选后的信息，还要根据其种类、性质的不同，整理、归纳并发布。为确保真实、公正，发布的舆论监督信息应注明来源、收集方式等情况。

六、重视信用专业教育发展

社会信用建设是一个庞大的系统工程，国内的相关学者根据中国的现实国情将信用体系建设分为信用教育体系建设、信用规范体系建设、信用中介组织体系建设和信用工具体系建设四个部分。其中最主要的部分则是信用教育体系建设，因为信用教育体系建设是化解信用缺失最有效的途径。吉登斯认为，要建立信用，受过教育而有辨别能力的公众是必需的，这里的教育当然也包括信用教育。由此可见信用教育的重要性。国家也根据国情需要，基于相关理论的支持，于 2000 年以后正式建立了国民信用档案、企业信用档案、银行信用系统，并制定相关法规和政策，来完善国民信用体系。由于我国的信用问题已经异常严重，并且信用体系建设还不够系统和完善。因此，我国的信用体系、信用文化还要不断地发展、完善，才能使我国全民的信用都得到更大地提高。才能从根本上改观信用缺失问题。

通过信用教育培育良好的信用环境，使人民形成共同的信用观念，从自身做起，抵制失信和维护共同的信用环境，才是解决我国社会信用缺失问题的关键。所以信用教育体系建设是个功在当代利在千秋的全民工程，需要全社会人民的共同努力。虽然信用教育在当代取得了一定的成绩，却依然存在着许多问题，这就要求我们继续不断的努力，在实现信用教育过程中不断的发现问题，改正问题，使之更好地发展。通过信用教育体系的构建，重构我国社会信任。

第五章

共享信用实例分析

——万达财富集团共享信用产业链

一、万达财富集团"五大板块"

（一）金融板块

金融板块是万达财富集团的重要核心发展业务，主要涵盖基金、保险和金融资产交易中心，致力于为投融资者创造长期、稳定、显著的价值，并通过促进企业发展、产业升级和资源整合，推动企业健康发展。

1. 基金业务——万达财富投资基金管理（北京）有限公司

万达财富投资基金管理（北京）有限公司主要以股权投资、资产管理、资产重组并购、企业或项目投融资咨询服务等业务为主，拥有丰富的资源优势、优秀的管理团队，为众

多企业提供金融解决方案。

截止目前，万达财富投资领域涵盖科技、电子商务、生态农业、文化传媒、绿色环保、新能源改造、园区建设及产业并购重组等，与多家金融机构建立长久的战略联盟关系。

2. 财产保险——星河世界财产保险股份有限公司

深圳北控创新投资有限公司、北京星河世界集团有限公司、盐城海瀛实业投资有限公司、艾格拉斯科技（北京）有限公司、万达财富信用评估集团有限公司、中航星北斗科技有限公司、北京天瑞霞光科技发展有限公司、北京晨旭贸易有限公司八家公司共同发起签署了成立星河世界财产保险股份有限公司出资协议书。星河世界财产保险股份有限公司注册资本金200,000万元，其中万达财富集团出资210,00万元持股10.5%。

星河世界财产保险将以中小微企业和高危行业企业为目标客户，围绕服务"一带一路"、国家脱贫攻坚和供给侧结构性改革，创新开发煤化工保险、扶贫保险、"一带一路"领域的财产保险。通过构建"中小微企业发展生态圈"为中小微企业的"产、供、销、融"提供保险服务，通过"安全技术＋保险"的形式发展高危行业保险，走差异化发展道路，成为一家专业性强、特色突出的国内一流财产保险公司。

股东构成：

序号	股东	出资金额（万元）	出资比例	出资方式
1	深圳北控创新投资有限公司	39,800	19.90%	货币
2	北京星河世界集团有限公司	39,800	19.90%	货币
3	盐城海瀛实业投资有限公司	30,000	15%	货币
4	艾格拉斯科技（北京）有限公司	39,800	19.90%	货币
5	万达财富信用评估集团有限公司	21,000	10.50%	货币
6	中航星北斗科技有限公司	9,000	4.50%	货币
7	北京天瑞霞光科技发展有限公司	800	0.40%	货币
8	北京晨旭贸易有限公司	19,800	9.90%	货币
合计	—	200,000	100%	

3.金融资产交易中心——中海鑫（宁夏）金融资产交易中心

万达财富集团响应国家"互联网+"的新兴行业发展计划，结合金融产业的发展特点，依托于互联网的聚集效应，发起成立中海鑫（宁夏）金融资产交易中心，专业从事信贷、信托资产登记转让、投融资服务、金融资产交易服务及其他相关金融服务的专业化、综合性的金融服务。

本中心主要通过互联网，为宁夏回族自治区、西北部地区乃至全国的各类企业提供不同的融资（股权、债权）服务，为银行、信托、证券、保险等金融机构提供债权投资、资产流动服务、存量资产挂牌交易等服务，为机构客户和高净值个人客户提供合适的金融投资、资产配置和理财顾问服务，推动宁夏金融业繁荣和经济发展。保守预测其年交易额将不低于千亿级，可实现年利润几亿元人民币。

序号	股东	出资金额（万元人民币）	出资比例	出资方式
1	盐城海瀛实业投资有限公司	3,500	35.00%	货币
2	万达财富信用评估集团有限公司	2,200	22.00%	货币
3	东源华信（北京）资本管理有限公司	2,800	28.00%	货币
4	中创江正投资管理有限公司	1,500	15.00%	货币
	合计	10,000	100%	

（二）信用板块

1. 信用评级——万达财富（北京）信用管理股份有限公司

　　万达信评以"履约能力＋履约意愿＋社会贡献价值＋共享信用产业链的增值服务"为发展核心，以集团共享信用产业链为基础，颠覆了传统评级行业的发展模式，主要从事信用征集评定、发布风险预警指数、免费为进入大数据库的全国中小微企业提供信用级别评定、信用咨询等服务，通过"一带一路"信用论坛、万达财富信用评级体系，实现信用资本资源配置，重构资源配置新秩序，营造诚实守信的良好社会氛围，实现在新三板挂牌上市。

　　万达信评在珠三角地区成功开展了中小微企业信用体系建设工作、信用体系建设创新工作和诚信文化教育工作，取得了良好的社会效果和经济效益（重点以广东省佛山市为核心）。

2. "一带一路"信用论坛

2016 中国（宁夏）"一带一路"信用论坛是由中国－阿拉伯国家博览会秘书处、北京大学国家软实力研究中心共同发起，由宁夏回族自治区人民政府和北京大学共同主办，万达财富集团承办的一项信用产业国际盛会。论坛以"构建'一带一路'信用体系、深化沿线国家务实合作"为主题，积极探索、研究和孵化"国际创新型信用经济产业链"，致力于面向国际大力宣传"信用中国"理念，弘扬诚信文化，宣传中国企业诚信精神，积极倡导"学诚信、讲信用"的贸易精神。

此次论坛得到了国家相关领导人的高度重视并亲临现场，参会的领导有第十届全国人大常委会副委员长蒋正华，第十一届全国政协副主席李金华等，同时得到了国内外政要专家学者的高度关注支持与参与。信用论坛成果作为内参上报国家，成为党和国家领导人的决策参看。

2017中国—阿拉伯国家博览会信用论坛是由宁夏回族自治区政府、北京大学主办，宁夏回族自治区博览局、北京大学中国信用研究中心、万达财富信用评估集团有限公司承办的第二届一带一路信用论坛。

本届信用论坛以"绿色信用 共享未来"为主题，邀请外宾20余人，含前政要、专家学者、驻华使节等，邀请内宾150人，除政府官员、专家学者外，邀请全国各地（广东佛山、珠海，山东威海，河北唐山、张家口，吉林等）企业家代表百余人，紧扣"一带一路"建设，深入贯彻"一带一路"国际合作高峰论坛精神，积极探讨"一带一路"绿色信用体系建设、创新和国际合作问题，为"一带一路"沿线及阿拉伯国家开展国家信用经济合作提供了重要理论依据和重大贡献，并就促进"一带一路"领域国际信用经济合作、国内信用体系建设与发展等问题达成了重要共识。

（三）文化宣传

文化产业是中国的朝阳产业。万达财富集团时刻关注国家政策，传播社会正能量，牢记大局意识、服务意识、责任意识、旗帜意识，推动文化产业的蓬勃发展。万达财富集团以宣传信用文化为契机，大力开拓文化宣传业务，一方面集团始终关注宣传"党与国家"领域的文化题材作品；另一方面集团希望通过投融资方式帮助更多中小微企业实现文化拓展、品牌提升等价值。

1.《决不掉队》——万达财富（北京）新媒体文化传播股份有限公司

党的十八大以来，党中央把精准扶贫、精准脱贫摆到治国理政的突出位置，打响了一场脱贫攻坚战，取得了历史性跨越和举世瞩目的成就。集团积极响应国家精准扶贫政策，

独家投资了央视制作的大型电视扶贫栏目《决不掉队》。

　　《决不掉队》一共 12 期，每期 50 分钟，从 2017 年 10 月 12 日起，每周四 18:00 在中央电视台社会与法频道播出。节目播出以来社会反响热烈，对扶贫攻坚工作起到了巨大的助力作用。

　　2.《血战湘江》——中阿博览（宁夏）文化产业有限公司

　　集团参与拍摄的电影《血战湘江》从 2017 年初在各大革命老区点映起及取得了良好的社会反响；6 月 30 日在全国各大影院正式上映后不仅取得不菲的成绩，还受到社会各界人士的高度赞扬，并荣获第十四届精神文明建设"五个一工程"优秀作品奖，第 31 届中国电影金鸡奖"组委会特别奖"，俄罗斯第 15 届奥泽洛夫国际军事电影节"最佳视觉效果"奖，第十三届中美电影节"金天使奖"等奖项。

　　影片被著名文艺评论家仲呈祥老师盛赞为目前"中国最好的战争片"，是一曲红军将士理想之美、信仰之美、精神之美的悲壮颂歌。

3.《西柏坡》——万达财富信用评估集团有限公司

　　集团参与投资八一电影制片厂拍摄的电视剧《西柏坡》，敬请关注。

　　万达财富集团文化宣传为其他业务板块积极对接社会各界资源，成为统一互补的有机整体。

　　（四）电商板块

　　电商板块是万达财富集团旗下五大战略业务中的重要组成部分。

1. 易企享——中阿博览（宁夏）电子科技有限公司

　　"易企享"是中小微企业信用共享平台。

　　"易企享"以"信用"为核心，以"共享、共存、共创、共赢"为理念，定位于服务中小微企业的保障服务、品牌提升、供应链服务、金融服务和电商平台直接交易，旨在打造打造国内第一家互联网在线保障服务平台，整合社会优质资源，化繁为简，实现了消费者售后保障问题的一对一方案，最终实现产品生产、销售与质量保障的分化管理，从根本上帮助中小微企业解决运营成本高、服务效率低的售后难点问题。

目前在国家工商局注册的中小微企业已超过 7000 万家，未来 3–5 年入驻易企享平台的企业预计将达到 5%–10%，若按照 5% 计算即 350 万家企业；例如，入驻企业按每家每天 10 元钱服务费计算，则易企享平台每天保守营业额可达3500 万元以上。

2. 全民东家——全民东家（北京）电子商务有限公司

全民东家是中小微企业信用服务置换平台。

全民东家，是以中小型企业交易及个人消费为目标，以信用为交易和消费的标尺，通过信用评估及授信，实现企业与企业间直接信用交易，实现个人直接信用消费的纯信用交易及消费平台。

一方面这些企业在平台上直接进行信用交易，另一方面，消费者可直接在平台上进行信用消费。同时，平台对消费者实行信用共享机制，消费者可在平台上通过信用共享获利。全民东家，通过 O2O 模式，利用信用信息和大数据，真正成为全球首家信用交易服务平台。

全民东家牢记习近平总书记"不忘初心，牢记使命，永远奋斗"指示，在万达财富集团李炳春董事长"伟大时代，伟大的中国梦，伟大的事业，我们继续前进"理念指引下，以"全民东家，全是东家"为口号，致力于为中小微企业提供信用置换服务，助力供给侧改革，利益共享，实现信用价值化。

3. 点积商城——信用在线科技发展（北京）股份有限公司

点积商城是一家创新型互联网电子商务平台。

点积商城践行集团普及信用、激活信用、服务信用、提升信用、共享信用的产业理念，为入驻的中小微企业、扶贫对象的产品及绿色环保的产品搭建的互联网平台，同时引入万达财富信用评价体系以及万达财产保险机制，为商户、消费者提供有力的售后保障，形成商城独特的互联网格局特色。点积商城依托集团资源为商户提供金融支持服务；"万达信评"为商户提供信用评级服务；"一带一路"信用论坛让商户特色产品走出国门；主旋律文化投放，提升电商平台品牌及知名度；绿色环保项目等增值服务做为补充，形成有效的电商发展生态闭环。

点积商城在传统电商基础功能外，是具有"政企社共建"特色模式的电子商务工程，帮助中小微企业的产品解决市场销售问题，而产品的质量和售后保障问题则由易企享平台进行管控和维护，从本质上保障企业和消费者双方的权利与义务，真正体现公平、公正交易，实现信用共享。

（五）实体板块

实体板块是万达财富集团积极响应国家经济环境及产业升级，投资并建设的多项综合型产业集合体。

1. 绿色环保项目——万达财富（张家口）绿色建材发展有限公司

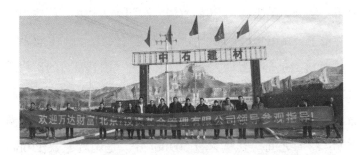

联合专业的绿色环保科技公司和2家央企打造绿色能源建材建筑一体化项目，共同参与设计和提供先进技术支撑，其中中铁负责项目整体设计，中国建材提供尾矿砂及工业废弃料处理领域的先进工艺，充分利用企业自有的尾矿砂资源，打造尾矿利用、环保新型建材、环保节能集成房屋的绿色生态产业链，实现集成房屋的制造标准化、智能化、生态型、可移动化、产业化，为国家特色小镇的建设提供节能环保产品。

2. 温泉养老项目——忻州市奇泉老年公寓有限公司

忻州市奇泉老年公寓有限公司成立于2015年9月，注册资金为2000万元位于山西省忻州市忻府区，经营范围：老年人养护服务。公司现有员工116人，其中：高管5人、中层9人。奇泉老年温泉公寓项目由忻州市奇泉老年公寓有限公司投资开发。该项目位于忻州市奇村镇温泉路，距忻州市城区13km。东连市区、西望静乐县、西北与宁武县接壤，东北与原平市相依，交通十分便利。奇村还是忻州市众多人文自然景观的中心。佛教圣地五台山、芦芽山森林公园、华北第一溶洞（禹王洞）、貂蝉故居、雁门关古战场、阎锡山故居、毛主席路纪念馆等风景名胜区距奇村仅有一小时的车程。

奇村温泉是世界四大著名温泉之一，因其富含的矿物质元素总矿化度高达 926.27 毫克 / 升，属世界罕见，素有"超级复合泉"之称。奇村温泉泉深 120–140 米左右，常年水温在 60–78℃之间。其氡含量 309Bq/ 升，是国标氡泉 110Bq/升的 3 倍；硫化氢含量 12.7mg/ 升，是国际硫化氢泉 1mg/升的 12 倍；硅酸含量 58mg/ 升，是国际硅酸泉 8mg/ 升的 7倍。据文献记载和临床实践，奇村温泉水可治疗骨关节疾病、皮肤病、糖尿病、高血压、湿疹、外伤后遗症、植物神经功能紊乱等多种疾病，总有效率达 90% 以上。

3. 钢结构项目——山东津邦伟业建筑工程有限公司

为发展地方经济、推动当地钢结构加工制造产业的快速发展、调整地方产业结构、增加就业，加大夏津县招商引资力度，完善工业体系，为地方经济建设和社会发展做出贡献，山东津邦伟业建筑工程有限公司计划在经济开发区投资建设年产 10000 吨钢结构构件生产线项目。

我国钢结构行业快速发展，产量、产值成倍增加的同时，工程质量不断提高。钢结构因自重轻、强度高、抗震性能好，并具有节能省地、可循环利用、建设周期短、建造和拆除时对环境污染较少等特点，被专家誉为 21 世纪的"绿色建筑"。钢结构是用钢板和热轧、冷弯或焊接型材（工字钢、型钢、压型钢板等）通过连接件（螺栓、高强螺栓等）连接而成的能承受荷载、传递荷载的结构形式。建筑钢结构行业具体又可以细分为重钢、空间钢、轻钢等领域。钢结构在国外建筑业早已广泛应用。在发达国家，小高层、高层钢结构住宅十分普遍。近年来钢结构以其抗震、抗风、耐久、环保、快捷等优点在我国应用范围日益扩大。20世纪90年代后期，随着国民经济的发展和钢铁工业跨越式发展，国内钢结构企业通过学习吸收国外先进的理念、技术，引进国外先进的加工安装设备，整体技术水平已接近国外同类企业的水平，钢结构产业呈现了从未有过的兴旺景象。

4.电线电缆项目——沈金达电缆有限公司

沈金达电缆有限公司始建于2003年，于2003年5月20日在宁晋县工商行政管理局注册成立河沈金达电缆有限公司（自然人独资）注册资本11118万元人民币，统一社会信用代码为：9113052878449690C，法定代表人：孟建昌，公司位于宁晋县东城工业区，北邻393省道，距省会石家庄仅60余公里，交通便利、公司占地面积25600平方米，现有职工40人，其中大中专以上学历占36%，高级职称6人。

公司生产的沈金达牌电缆，月产量189万米，主要生产电缆型号：3×35+1×16、3×50+1×25、3×70+1×35、

$3\times95+1\times50$、$3\times120+1\times70$、$3\times150+1\times70$、$3\times185+1\times95$、$3\times240+1\times120$。机械设备先进，技术精益求精，赢得了广大消费者的信赖，销售对象主要是各分公司、经销商，下游客户共计 150 余家，主要客户有：沈金达电缆有限公司石家庄分公司、赤峰分公司、张家口分公司、山东绿灯行智慧电工科技股份有限公司、赤峰五甲万京置业有限公司、石家庄雍和房地产开发有限公司、石家庄龙悦水务投资有限公司、青州昊佳电器工贸有限公司、新郑市农田水利工程建设管理局、新乡县农业综合开发领导小组办公室等，每户的月销售量达万米以上，结算方式为银行转账。公司的电缆主要原材料：铜丝、铝丝，供应渠道是外购，公司上游客户主要是河北中迈金属线材有限公司、天津大无缝铜材有限公司、宁晋县东顺拔丝厂、河北博硕塑业、淄博宜和塑胶有限公司、任丘嘉艺钢带有限公司、宁晋县坤城电缆分支压注厂原材料来源充足，进货渠道稳定。2017 年公司预计销售收入 1.5 亿。

二、万达财富集团——共享信用

万达财富集团以信用为核心，打造了由万达财富信用大数据（免费评级、评价）+易企享（专业质量保障平台）+点积商城（电子商务平台）+全民东家（信用置换服务平台）+

交易中心（金融服务平台）+ 文化宣传（"一带一路"信用论坛和万达财富商学院）+ 星河世界财产保险（提供信用产品保险）组成的共享信用产业链。万达信评以信用大数据为核心，为进入易企享平台的中小微企业免费提供信用评价和评级服务。同时依托信用大数据将集团信用板块、金融板块、电商板块、文化宣传和实体板块五大板块业务有机结合，专注为中小微企业提供具有造血功能的开放性共享信用产业生态圈，实现生态产业链的共享、共存、共创、共赢。

　　总而言之，这种创新共享信用产业链模式，可以较为有效地解决不同主体间信用信息不对称的问题，极大地降低交易成本，提高社会资源的使用价值和生产效率，进而优化全社会资源配置效率，很好地契合了共享信用的宗旨和目的，为我国中小微企业提供更好的服务。

主编：

李炳春

副主编：

贾若骥、张世军、刘夏、崔尚飞、周小刚、赵威、高杨、梁晓俊、李爱国

顾问：（按姓氏笔画为序）

王大树、刘铁军、刘锦旗、吴晶妹、张力伟、陈正荣、徐德顺、崔慧欣、章政、韩东军、薛刚

高级编委：（按姓氏笔画为序）

王薇、米兰、李月婷、郎晓宇、骆佳烨、郭小龙

编委会：（按姓氏笔画为序）

丁明、王义良、王长春、王荣艳、王星南、王敬周、王煜民、仁惠英、邓延京、叶永军、付振凯、包珊科、冯丹、冯丽娟、冯辉、邢全福、朱振田、任志远、刘卫东、刘文丽、刘彧胜、刘晓龙、刘倩楠、刘腾、刘璐瑶、江爱民、江磊、安向阳、孙白舸、孙建新、孙振、孙晓林、孙辉、苏杰、李亚男、李红军、李忠勇、李茵娜、李晓蕾、李海霞、杨刚越、吴海瑞、邱泽晨、何南、何威、佟惠民、邹正华、邹丽琰、汪国才、宋双元、张大伟、张兰柱、张佐元、张明、张建辉、张烈、张晓雪、张辉、陈奇、陈家铜、陈辉、陈源、范秋瑛、林剑衡、罗士军、周立文、郑旭楠、郑然、孟伟、赵亚南、赵红岩、赵启超、徐洁、高建军、高雪、高

嵩、郭训超、唐红雨、黄灿明、黄筱雅、曹东华、曹海艳、常少华、常俊青、彭传宝、董秀英、董敏、程生定、程郁兰、谢婷婷、霍艳红、穆明星、戴海伟

学术指导单位：

北京大学中国信用研究中心

支持单位名单：

北京德勤基业国际投资股份有限公司

广东中塑之都供应链科技有限公司

广东省（佛山）软件产业园

佛山众陶联供应链服务有限公司

珠海名人游艇会

河北佳创文化传媒有限公司

阳原县宝通工贸有限责任公司

福建省皇品文化传播股份有限公司

福建省鼎韵茶业有限公司

香港金米莱集团

北京星河世界集团有限公司

合作单位：

深圳北控创新投资有限公司

洲际油气股份有限公司

盐城海瀛实业有限公司

艾格拉斯科技（北京）有限公司

中航星北斗科技有限公司

北京天瑞霞光科技发展有限公司

银客未来科技（北京）有限公司

东源华信（北京）资本管理有限公司

中创江正投资管理有限公司